教育部人文社会科学研究项目“政府购买青少年公共体育服务
工作模式及成效研究”（项目编号：20YJA890005）资助

政府购买青少年公共体育服务工作模式及成效研究

郭玲玲 著

长江出版传媒 | 湖北人民出版社

图书在版编目(CIP)数据

政府购买青少年公共体育服务工作模式及成效研究 /郭玲玲著. —武汉：湖北人民出版社, 2022.12

ISBN 978-7-216-10568-2

Ⅰ.①政… Ⅱ.①郭… Ⅲ.①青少年－群众体育－社会服务－政府采购制度－研究－中国 Ⅳ.①G812.4

中国版本图书馆CIP数据核字(2022)第235790号

责任编辑：李月寒
许智元
封面题字：杨　波
封面设计：刘舒扬
责任校对：范承勇
责任印制：杨　锁

出版发行：湖北人民出版社	**地址**：武汉市雄楚大道268号
印刷：武汉鑫兢诚印刷有限公司	**邮编**：430070
开本：787毫米×1092毫米 1/16	**印张**：10.25
字数：200千字	**插页**：2
版次：2022年12月第1版	**印次**：2022年12月第1次印刷
书号：ISBN 978-7-216-10568-2	**定价**：58.00元

本社网址：http://www.hbpp.com.cn
本社旗舰店：http://hbrmcbs.tmall.com
读者服务部电话：027-87679656
投诉举报电话：027-87679757
（图书如出现印装质量问题，由本社负责调换）

前　言

20世纪80年代末，行政改革的浪潮在世界范围内兴起。很多学者开始关注如何提高政府行政效率和公共服务质量，奥斯本和盖布勒提出了“企业家政府”的概念，丹哈特夫妇认为应该让公民参与到公共服务的议程之中，彼得斯在《政府未来的治理模式》中提出了政府治理未来发展的四种模式。同时，各国政府陆续探索实现政府行政改革目标的多种途径，在这一过程中，政府购买公共服务模式随之得以发展。20世纪90年代，英国率先提出了公共服务和公共物品供给公私合作的理念，随后，这一理念扩展到美国、加拿大等国家并付诸实践。与此同时，欧盟、联合国、经济合作与发展组织以及世界银行等国际组织也在全球范围内积极推广政府购买公共服务的理念和经验，这一浪潮随之扩展到中国等发展中国家。21世纪以来，中国政府向社会力量购买青少年体育服务，既成为推动政府体育职能转变、推进体育治理体系和治理能力现代化、创新青少年公共体育服务供给机制的路径选择，也成为当下体育理论较为迫切的研究课题之一。

政府向社会力量购买公共服务，是当今世界诸多国家和地区政府供给基本公共服务采用的机制。在世界各国，政府依靠社会力量承接政府出资的青少年公共体育服务，是一种日益普遍的做法。政府购买青少年公共体育服务工作模式及成效研究既有其深刻而严谨的理论逻辑，也有其直接而充分的现实依据。就其现实依据而言，在不同层级政府纷纷开展购买青少年公共体育服务的工作后，其购买服务项目的成效评估也成为政府和纳税人关心的议题：购买的服务是否有效？服务的工作模式是否能够做得更好？服务目标是否能通过较低的开支或不同的服务活动类型来实现？这些实际过程中的疑问迫切需要通过科学的成效评估来回应。

本书紧紧围绕“政府购买青少年公共体育服务工作模式和成效评估”展开研究，以理论分析为基础，通过典型案例调查的方式进行深入研究，对武汉市政府购买青少年公共体育服务进行实证分析，阐释了政府购买青少年公共体育服务的改革含义与运行机理。通过对国内外相关文献的梳理，对英国政府购买青少年公共体育服务领域的相关经验和做法进行总结。在此基础上，以武汉市政府购买青少年暑假体育活动为例，梳理政府购买青少年公共体育服务的实际操作环节和流程，分析政府购买青少年公共体育服务的制度环境、主体结构、运行状况和购买服务成效等，阐释了我国政府供给青少年公共体育服务体系的实际发展状况与存在的不足。

政府购买青少年公共体育服务是一个新的实践探索，在借鉴国际经验的基础上，结合我国政府与社会力量合作的实践，探索政府购买青少年公共体育服务工作模式的优化，对于我国满足青少年的体育服务需求，提升公共体育服务供给的质量，是非常具有理论价值和实践意义的。

目 录

第一章　导　论

第一节　研究背景

政府向社会组织购买公共服务，是当今世界诸多国家和地区政府供给基本公共服务时采用的机制。在世界各国中，社会组织承接并提供政府出资购买的青少年公共体育服务，是一种日益普遍的做法。21世纪以来，我国政府向社会力量购买青少年体育服务，既成为推动政府体育职能转变、推进体育治理体系和治理能力现代化、创新青少年公共体育服务供给机制的路径选择，也成为实现青少年体育全面发展的必要途径。

2013年9月，我国出台《国务院办公厅关于政府向社会力量购买服务的指导意见》，强调政府向社会力量购买服务的重要性，致力于推动我国公共服务体系的发展，努力为人民群众提供优质的公共服务。[①]2013年11月，《中共中央关于全面深化改革若干重大问题的决定》指出：在政府购买事务性管理服务的过程中引入竞争机制，保证社会力量的公平竞争。[②]2020年10月颁布的《关于加强全民健身场地设施建设 发展群众体育的意见》更是积极鼓励政府购买服务，推进公共体育场馆"改造功能、改革机制"工程，规范委托经营模式，编制和推广政府委托社会力量运营公共体育场馆示范合同文本，鼓励采取公开招标方式筛选运营团队，鼓励将公共体育场馆预订、赛事信息发布、经营服务统计等工作委托社会力量承担，提高运营效率，引导社会力量承接社区体育赛事活动和培训项目。

2021年我国颁布的《中华人民共和国国民经济和社会发展第十四个五年规划和2035年远景目标纲要》提出：提高基本公共服务均等化水平，促进基本公共服务资源向基层延伸；创新公共服务提供方式，支持社会力量扩大普惠性规范性服务供给，鼓励社会力量通过政府购买服务等方式参与公共服务供给；完善公共服务政策

---

① 国务院办公厅关于政府向社会力量购买服务的指导意见[EB/OL].(2013-09-30)[2022-10-15].中国政府网.

② 中共中央关于全面深化改革若干重大问题的决定[EB/OL].(2013-11-15)[2022-10-15].中华人民共和国国务院新闻办公室.

保障体系，将更多公共服务纳入政府购买服务指导性目录中，加大政府购买力度。[①]2022年3月，中共中央办公厅、国务院办公厅印发的《关于构建更高水平的全民健身公共服务体系的意见》更是提出了"到2025年，更高水平的全民健身公共服务体系基本建立，人均体育场地面积达到2.6平方米，经常参加体育锻炼人数比例达到38.5%，政府提供的全民健身基本公共服务体系更加完善、标准更加健全、品质明显提升，社会力量提供的普惠性公共服务实现付费可享有、价格可承受、质量有保障、安全有监管，群众健身热情进一步提高。到2035年，与社会主义现代化国家相适应的全民健身公共服务体系全面建立，经常参加体育锻炼人数比例达到45%以上，体育健身和运动休闲成为普遍生活方式，人民身体素养和健康水平居于世界前列"[②]的主要目标，并提出了一系列构建更高水平全民健身公共体育服务体系的具体举措，特别强调要支持青少年体育社会组织为学校体育活动提供指导，普及体育运动技能，鼓励政府向体育社会组织购买相关服务。2022年6月，新修订的《中华人民共和国体育法》明确规定，"国家支持通过政府购买服务的方式提供公共体育服务，提高公共体育服务水平"[③]。2022年8月，中共中央办公厅、国务院办公厅印发的《"十四五"文化发展规划》明确指出："推进城乡公共文化服务体系一体建设，推动公共文化数字化建设，创新实施文化惠民工程，提升基本公共文化服务标准化均等化水平，更好保障人民基本文化权益。"

国务院办公厅印发的《体育强国建设纲要》提出，到2035年，我国青少年体育服务体系更加健全，身体素养显著提升，健康状况明显改善。[④]2022年，中国共产党第二十次全国代表大会报告提出："加强青少年体育工作，促进群众体育和竞技体育全面发展，加快建设体育强国。"[⑤]少年强，则国强，青少年的体质健康状况关系着国家的未来和民族的希望，让青少年积极参与体育活动是提升青少年体质健康水平的有效方法之一。在建设体育强国背景下，政府购买青少年公共体育服务不仅能够有效促进青少年参与到体育活动中，同时还展现出我国的青少年体育服务

① 中华人民共和国国民经济和社会发展第十四个五年规划和2035年远景目标纲要[EB/OL].(2021-03-13)[2022-10-15].中国人大网.

② 中共中央办公厅 国务院办公厅印发《关于构建更高水平的全民健身公共服务体系的意见》[EB/OL].(2022-03-23)[2022-10-15].中国政府网.

③ 中华人民共和国体育法[EB/OL].(2022-06-25)[2022-10-15].国家法律法规数据库.

④ 国务院办公厅关于印发体育强国建设纲要的通知[EB/OL].(2019-09-02)[2022-10-15].中国政府网.

⑤ 高举中国特色社会主义伟大旗帜 为全面建设社会主义现代化国家而团结奋斗——在中国共产党第二十次全国代表大会上的报告[M].北京：人民出版社，2022年.

体系的进一步完善。

伴随着经济的快速发展以及人民群众生活水平的不断提高，我国青少年体育需求呈现出个性化和多样化的趋势，青少年体育供需矛盾日益凸显。虽然政府和学校担负着发展青少年体育的主要责任，但是单纯依靠政府部门和学校显然不能完全满足青少年体育需求。因此，政府有必要向社会力量购买青少年公共体育服务，从而更好满足青少年体育需求，促进青少年参与体育锻炼，实现增强青少年体质健康水平的体育强国建设目标。

一系列国家政策文件的推出，明确表明了中央对于政府向社会力量购买服务的支持与鼓励，如何使政府购买公共服务更有效率、更加公平已经成为当前研究的一个重点。政府购买青少年公共体育服务工作模式及成效研究既有其深刻而严谨的理论逻辑，也有其直接而充分的现实依据。就其理论逻辑而言，作为一种综合性研究，在政府购买青少年公共体育服务的具体过程中，需要公共管理、体育学、经济学、政治学等多学科理论的支撑。就其现实依据而言，在不同层级政府纷纷开展购买青少年公共体育服务的情形中，政府购买服务项目的成效评估也成为政府和纳税人关心的议题：购买的服务是否有效？服务的工作模式是否能够做得更好？服务目标是否能通过较低的开支或不同的服务活动类型来实现？这些实际过程中的疑问迫切需要通过科学的成效评估来回应。

第二节 研究意义

一、理论意义

从现有政府购买青少年公共体育服务的相关文献来看，其研究内容主要集中在青少年公共体育服务体系建设和供给机制方面。大多数研究倾向于宏观层面，缺乏对政府购买青少年公共体育服务供给过程的中、微观研究，尤其是对受众青少年在服务结束后的相关满意度及购买服务取得成效方面的研究。这使得我国政府在购买青少年公共体育服务过程中，长期缺乏受众满意度评估理论支撑和成效评估理论支撑。本书将从中、微观角度系统梳理政府购买公共体育服务特别是购买青少年公共体育服务的相关研究成果，关注政府购买的概念、内涵、外延、实践和工作模式等，在对武汉市政府购买青少年公共体育服务工作模式进行理论分析和阐述的基础上，结合实际案例剖析武汉市政府购买青少年公共体育服务的系统流程，深入探索政府购买青少年公共体育服务工作模式创新的有效路径，为政府购买公共体育服务提供新视野，以期为青少年公共体育服务供给机制的创新发展提供学理支持，进一步丰富完善我国政府购买青少年公共体育服务的理论体系。

二、实践意义

在我国，政府向社会力量购买青少年公共体育服务还是一种新的工作模式，在我国政府推进和拓展购买青少年公共体育服务的过程中，还存在专项性购买服务制度建设和完善、服务供给主体建构和权责配置、购买运行和流程，特别是在青少年受众层面上评估服务项目的实际成效等方面的不足。

本书通过具体案例对武汉市政府购买青少年公共体育服务的工作模式进行剖析，研究武汉市政府购买青少年公共体育服务的现状、受众青少年满意度和购买服务取得的成效。通过比较分析得出武汉市政府购买青少年公共体育服务工作模式的最佳选择，以其最佳选择为依托，在完善政府购买青少年公共体育服务的供给机制，实现青少年公共体育服务高质量、高效率供给等方面提供建言。通过探讨优化武汉市政府购买青少年公共体育服务的供给水平和效率的方案、提供提升受众青少年满意度的建议，为其他地方政府购买青少年公共体育服务实践提供经验。

第三节 研究思路及研究内容框架

一、研究思路

本书借鉴国内外相关理论，重点阐述探析我国政府购买青少年公共体育服务的工作模式，试图通过总结不同形式类型的工作模式，寻找适合我国国情的最佳方案，促使我国公共服务购买模式更加系统和成熟。同时，积极探究当前我国政府购买公共体育服务的成效，对其进行分类评估，以期为政府购买青少年公共体育服务的工作运行提供合理参考。

第一步，夯实多维度的理论基础。借鉴国内外相关文献资料，综合公共体育服务相关研究成果，对国内外政府购买青少年公共体育服务相关研究进行规范梳理，厘清包括国内外政府购买青少年公共体育服务工作模式、服务成效相关的研究综述、概念界定、理论阐释等，基于大量文献累积和深厚的理论积累凝练研究主题，为进一步研究打下坚实的理论基础。

第二步，构建客观全方位的数据支撑。本书的实证调研数据皆来自于政府购买青少年公共体育服务的实践经验，运用访谈法、案例分析法、问卷调查法等方法，结合CEPS数据库、CGSS数据库、国家各项统计数据公报等途径对样本城市进行数据采集，并对数据进行条件性筛选以避免产生内生性偏差，整合所有数据对其进行有效分析以得出最优结果。

第三步，结合国外经验具体分析我国政府购买青少年公共体育服务的工作模式与服务成效。本书试图更深入探究政府购买青少年体育服务的工作模式，即通过选取具体的政府购买案例作为衡量工作模式作用机制的关键代理变量，探讨政府购买青少年公共体育服务的最佳工作模式。同时，总结收集的量化服务指标，通过对青少年、家长、各服务供给主体的访谈内容分析，全面评估服务成效。本书借鉴相关经验，主要是以英国购买青少年公共体育服务相关的操作策略和工作运行模式为基础，以期为当前我国青少年公共体育服务供给机制创新提供智力支持。

二、研究内容框架

本书的研究内容框架如图1-1所示。

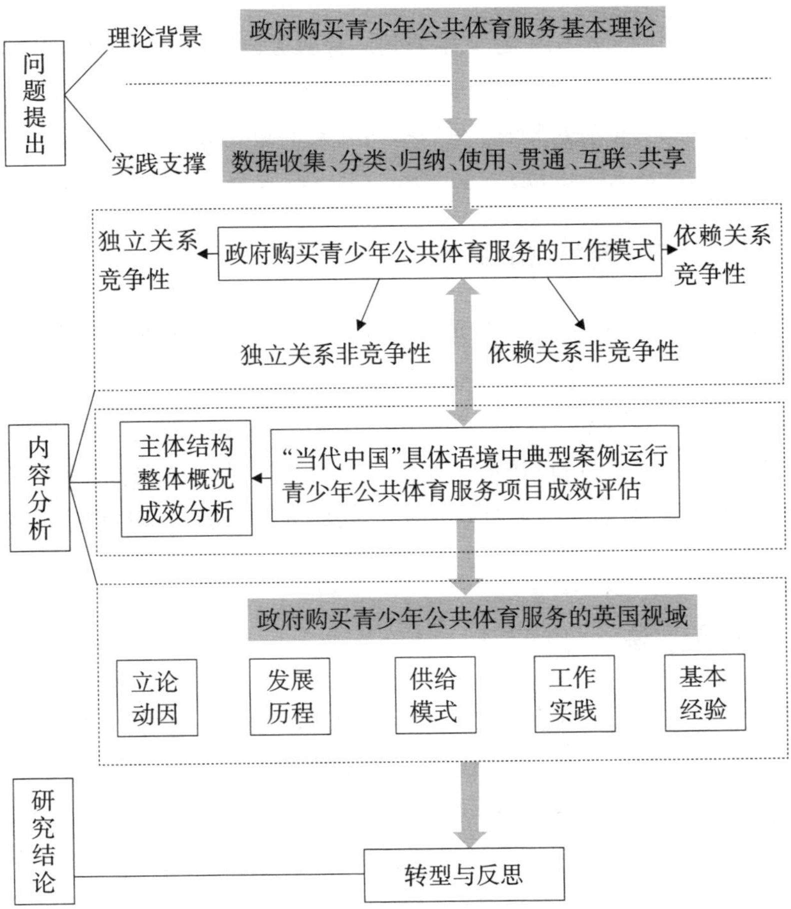

图1-1　研究内容框架图

第四节 研究方法

一、文献分析法

向案例所在地相关部门收集所需材料清单，获得相关政府部门提供的书面文字资料(或电子版本)，作为分析研究的对象和依据。主要包括：指导政府购买青少年公共体育服务的地方性法规和政府文件；财政部门关于购买公共服务的指导意见；购买青少年公共体育服务的项目预算；相关部门向社会力量购买青少年公共体育服务的数据和工作总结。

二、问卷调查法

本书将在详细调研案例中青少年公共体育服务内容的基础上设计服务成效满意度量表，量表的设计将涵盖青少年、服务供给相关主体、公众代表等不同的服务群体。对满意度的测量将包括三个主要维度：关于服务供给机构的满意度评价；关于服务供给机构工作人员的满意度评价；关于所购服务项目质量的满意度评价。

三、半结构访谈与焦点小组访谈

在研究过程中，半结构访谈主要针对青少年公共体育服务的购买者和生产者展开，访谈重点了解被访者关心的问题和被访者在工作中存在的困惑。

焦点小组访谈是集体访谈的一种，在实地调研中，主要对公共体育服务的消费者——青少年群体代表进行，访谈将重点了解青少年的体育服务需求及其参与服务项目所带来的影响，对于政府所购服务项目的认知、态度，同时搜集其对政府购买服务的意见与建议。

四、比较借鉴法

英国是政府购买青少年公共体育服务的先行国家，在政府购买公共体育服务领域积累了大量经验。本书选择英国相关经验作为比较研究对象，从制度环境、主体结构、实际运行三个维度概括英国的有效经验，对比我国政府购买青少年公共体育服务的现实状况展开借鉴分析，并且提出我国政府购买青少年公共体育服务相关问题的改进办法。

第二章 政府购买青少年公共体育服务的理论渊源

第一节 相关研究综述

一、政府购买公共服务的相关研究综述

（一）政府购买公共服务发展的研究

西方政府购买公共服务始于20世纪60年代，至今已有60多年的历史。当时，在公共服务领域，西方政府不仅在财政方面耗资过多而且效率低下，为了改变这种状态，西方政府开始对公共服务进行改革。西方国家政府购买公共服务的改革经历了三个阶段。第一阶段是探索阶段（1979—1987）。在此阶段，政府的角色从服务的生产者逐渐过渡到服务的提供者，即公共服务的生产主体将从政府部门逐渐转变为社会组织，从而实现在公共服务领域引入市场机制、提高服务的质量、降低服务成本的目的。第二阶段是蓬勃发展阶段（1988—1998）。这一阶段的主要特征是出现了合同外包等多种购买服务形式，通过竞争购买公共服务是该阶段的运作机制。第三阶段是理性反思和不断完善阶段（1999年至今）。这一阶段，政府购买公共服务时不再一味强调引进市场机制，而是强调根据不同服务行业的情况，将市场和计划相结合，以便提供更好的公共服务。

英国是最先对政府购买公共服务进行探索的国家。在19世纪80年代，英国政府为了在降低政府公共服务开支的同时还能提高政府的工作效率，将大量公共服务转让给公私合营企业及私营企业，因此创建了初步的政府购买公共服务体系。此外，英国政府还制定了“顾客满意度”的目标，实行了“市场检验”的机制。[①]美国政府为改善政府对公共部门补贴过多的情况，制定了“19项政府国有职能”，规定不包含在这19项以内的职能一律外包，政府购买公共服务多为合同外包的形式，将竞争机制引入到公共服务中，不仅降低了公共服务成本，而且提升了公共服务的质量。[②]与英国和美国不同，德国政府通过完善法律法规、重视培养体育社会组织、

① 付海蓉.外国政府购买公共服务路径及对我国的启示[J].经济师，2019(01):76－77＋80.

② 常江.美国政府购买服务制度及其启示[J].政治与法律，2014(01):153－160.

改革财政体制等方式,促进了政府购买公共服务的发展。①

(二)关于政府购买公共服务的内涵研究

主要有管理学和经济学这两种学科对政府购买公共服务的内涵进行了探讨(见表2-1)。虽然存在表述上的分歧,但学者们一致认为政府购买公共服务的内涵是政府提供资金,让一些相应领域的社会组织参与到公共服务的供给中来。

表2-1 政府购买公共服务的内涵比较

管理学	经济学
徐家良、赵挺:政府购买公共服务是指政府通过公开招标、定向委托、邀标等形式将原本由自身承担的公共服务转交给社会组织、企事业单位履行,以提高公共服务供给的质量和财政资金的使用效率,改善社会治理结构,满足公众的多元化、个性化需求②	**财政部科研所课题组**:政府购买公共服务,是政府为了履行服务公众的职责,以财政向各类社会服务机构支付费用,用来购买其通常以契约方式确定提供、由政府鉴定种类和品质的全部或部分公共服务④
李军鹏:政府购买公共服务是把原来由政府直接向社会公众提供的一部分公共服务,通过合同外包、公私合作、补助或凭单等方式转交给社会力量,由其提供,并由政府根据服务数量和质量向其支付费用的公共服务提供方式③	**于国安**:政府购买公共服务是指政府将某些公共服务通过契约关系交由企业或非营利组织来完成,而政府支付相应资金的一种模式⑤

(三)国内政府购买公共服务实践研究

1. 政府购买居家养老服务的相关研究

目前关于政府购买居家养老服务的研究主要集中在实践、绩效评估、模式和对策研究等方面。实践研究方面,刘红芹、包国宪在分析政府购买居家养老服务的内涵及其必要性的基础上,以兰州市城关区“虚拟养老院”为个案,认为“虚拟养老院”成功的原因是政府推动,发挥市场的作用,充分利用社会组织,健全完善居家养老服务制度,发挥制度的规范和保障作用以及充分利用了现代技术服务手段。⑥绩效

---

① 杨中皖.德国政府购买体育公共服务的原则、经验及借鉴[J].西安体育学院学报,2019,36(06):641—647.

② 徐家良,赵挺.政府购买公共服务的现实困境与路径创新:上海的实践[J].中国行政管理,2013(08):26—30+98.

③ 李军鹏.政府购买公共服务的学理因由、典型模式与推进策略[J].改革,2013(12):17—29.

④ 财政部科研所课题组.政府购买公共服务的理论与边界分析[J].财政研究,2014(03):2—11.

⑤ 于国安.政府购买公共服务评析及政策建议[J].经济研究参考,2011(46):36—41+60.

⑥ 刘红芹,包国宪.政府购买居家养老服务的管理机制研究——以兰州市城关区“虚拟养老院”为例[J].理论与改革,2012(01):67—70.

评估方面，包国宪、刘红芹在分析政府购买居家养老服务的绩效内涵及其过程的基础上，构建了绩效分析模型。该模型从政府购买居家养老服务的效率和消费者感知服务质量的二维视角探讨了居家养老服务的测评方法。①模式和对策研究方面，章晓懿认为在养老服务领域，政府与非营利组织的合作模式有“共销”模式和“合作伙伴”模式两种不同的形式，且这两种合作模式在合作双方的对等性、合作过程的自主性，以及合作关系的稳定性等方面均存在区别，但两种合作模式并无优劣之分，关键在于是否与现实契合，而且任何一种合作形态都会随着现实环境的变化而变化。②

2. 政府购买医疗卫生服务的相关研究

李娜、刘波在深度剖析深圳市政府购买社区卫生服务现状与不足的基础上，就政府保障力度不足、购买流程不够规范、合作管理理念缺乏等问题，提出提高政府保障与管理能力、规范政府购买流程、加强主体间关系管理等推进策略。③赵要军从政府购买卫生服务的视角，探索以服务质量为基础，以服务内容为纽带，以“政府购买”“合同管理”“绩效支付”为运行机制的乡村一体化管理模式，并通过内部考核分配机制的建立，形成乡村两级既分工又合作的利益联合体，从而构建乡村一体化管理新模式。④王家合、戴星原在确定当下政府购买医疗卫生服务体系难以实现“以人民为中心”的提高服务质量与效率这一目标的基础上，借鉴“服务三角”模型构建以公众为中心的政府购买医疗卫生服务体系，继而提出政府规划战略设计，明确购买医疗卫生服务的公众需求，服务承接方，优化服务系统，搭建购买医疗卫生服务的沟通平台，落实医疗机构和人员管理方案，保障购买医疗卫生服务优质高效。⑤

3. 政府购买公共文化服务的相关研究

李山分析认为，我国尚处在社会转型期，政府职能转变不到位，市场机制发挥不充分，社会发育有待成熟，政府购买公共文化服务面临着大量的体制、机制与技

① 包国宪，刘红芹．政府购买居家养老服务的绩效评价研究[J]．广东社会科学，2012(02)：15—22.

② 章晓懿．政府购买养老服务模式研究：基于与民间组织合作的视角[J]．中国行政管理，2012(12)：48—51.

③ 李娜，刘波．政府购买社区卫生服务的现状、问题与推进策略：以深圳市为例[J]．中国卫生经济，2017，36(03)：74—76.

④ 赵要军．从政府购买卫生服务探索乡村一体化管理新模式[J]．中国卫生经济，2011，30(05)：53—55.

⑤ 王家合，戴星原．政府购买医疗卫生服务体系的关键因素与优化策略——基于“服务三角”模型的分析[J]．新视野，2018(05)：75—81.

术等方面的现实困境，据此提出应当进一步强化政府服务责任、加大制度供给力度、壮大文化社会力量、健全政府购买公共文化服务的运行机制等。[①]荆晓燕、赵立波在《社会力量参与公共文化服务体系建设研究》一文中首先剖析了社会力量参与公共文化服务的意义，继而提出完善政府主导与市场化运作相结合的公私合作型文化供给模式，强化政府与社会组织及个人的合作，形成多元治理机制、建立健全引导和鼓励社会力量参与公共文化服务的保障机制等措施以完善社会力量参与公共文化服务路径。[②]胡艳蕾等学者对公共文化服务的非合同制治理模式进行了系统梳理与比较分析，指出了其存在的优势与面临的风险，最后，结合我国公共文化服务体系建设现状，认为应在借鉴发达国家经验教训的基础上，基于后新公共管理时代的理论观点实现政府购买公共文化服务“非合同制”治理模式的本土化与创新发展。[③]

（四）国外政府购买公共服务经验研究

常江在分析了美国的政府购买服务制度后，发现美国政府主要采用合同外包的形式开展“政府购买服务”。在服务边界的确定上，美国倾向于以政府固有职能作为辨别某项政府职能可否外包的标准。在此基础上，常江提出我国政府购买服务要以立法的方式明确政府购买公共服务的范围、程序等，并建立“成本—效益”分析制度、服务质量监管制度和纠纷解决机制等。[④]韩丽荣等学者在《日本政府购买公共服务制度评析》中提到日本政府购买公共服务是将竞争机制引入公共服务供给的新模式，主要表现形式是政府委托民间部门提供公共服务且设有专门的法律依据和严格的执行程序，并交由强而有力的“第三方机构”组织实施。[⑤]张汝立、陈书洁通过梳理西方发达国家政府购买社会公共服务的发展历程，总结出西方发达国家政府购买社会公共服务的经验：在社会公共服务领域，政府选择非营利组织为重要合作伙伴，运用公共权力制定规则和标准，实现监管职能由狭义到广义的转变，构建以弹性磋商和硬性约束为双重保障的合作机制，重视由多方参与形成的互

① 李山．政府购买公共文化服务的现实困境与改革路径[J]．湘潭大学学报（哲学社会科学版），2014，38(05)：25—29．

② 荆晓燕，赵立波．社会力量参与公共文化服务体系建设研究[J]．中共福建省委党校学报，2015(05)：70—76．

③ 胡艳蕾，陈通，高海虹．我国政府购买公共文化服务的“非合同制”治理[J]．中国行政管理，2016(01)：45—51．

④ 常江．美国政府购买服务制度及其启示[J]．政治与法律，2014(01)：153—160．

⑤ 韩丽荣，盛金，高瑜彬．日本政府购买公共服务制度评析[J]．现代日本经济，2013(02)：15—21．

助网络，实现最大程度利益整合。[①]

二、政府购买公共体育服务的相关研究综述

（一）政府购买公共体育服务的内涵和内容

1. 关于政府购买公共体育服务的内涵研究

在当前政府购买公共体育服务的研究中，学者们基于不同的角度对政府购买公共体育服务进行了深入讨论。关于政府购买公共体育服务的内涵，学者们都是以“公共服务”“政府购买公共服务”为起点进行探讨。当前最具有代表性的两个定义，一是，政府购买公共体育服务就是政府通过合作、合同外包、补助或凭单等方式，将原来直接提供的公共体育服务事项，交给经济组织或社会组织来完成，并根据其提供体育服务的质量和数量来支付相应费用的运作模式[②]；二是，政府购买公共体育服务是指政府为了满足国民公共体育需求，履行公共服务职能，在体育领域内向社会组织、企业或个人出资购买体育公共产品和体育服务，免费或收取一定费用供社会公众使用或享用的行为过程，是对政府自身实现公共服务职能的有效补充[③]。

总结关于政府购买公共体育服务内涵的研究成果，可从中提炼出两点共性。其一，政府购买公共体育服务最终是为了满足大众的体育需求，政府是公共体育服务提供的主体，而在购买公共体育服务的过程中，政府的角色实现了转变，由原来的“生产者”转变为“提供者”。其二，在购买的过程中政府与社会组织的关系不再为从属关系，而是一个在市场条件下的平等互利的合约双方。政府购买公共体育服务的实质就是在公共体育服务领域内引入竞争机制，让非政府体育组织来进行公共体育服务的供给，继而提升公共体育服务的效能，增强公共体育资源的使用绩效，最终实现公共利益的最大化。

2. 关于政府购买公共体育服务的内容研究

研究政府购买公共体育服务的内容，从公共体育服务的内容进行划分将更具逻辑性和说服力。刘玉依据公共体育服务的内涵和公共体育服务的特性，将公共体育服务按照属性特征、受益范围、内容构成、存在的形态和提供的程度五种划分

---

① 张汝立，陈书洁．西方发达国家政府购买社会公共服务的经验和教训[J]．中国行政管理，2010(11)：98－102.

② 沈克印，吕万刚．政府购买公共体育服务的学理逻辑与边界问题研究[J]．首都体育学院学报，2018，30(02)：117－121＋131.

③ 张大超，杨娟．我国政府购买公共体育服务的现实困境和发展对策[J]．体育科学，2017，37(09)：3－15＋27.

标准进行分类。[①]周爱光在明确了公共体育服务的内涵之后，依据服务特征、服务对象、服务范围、服务的层次对公共体育服务进行了划分。[②]张大超、杨娟在整理并分析当前我国政府购买公共体育服务的相关案例及信息的基础上，总结出我国政府购买公共体育服务的十种主要内容为技术类培训类、赛事活动类、监测指导类、场地设施类、管理服务类、体育环境类、制度规划研制类、信息类、组织建设类和知识传播类。[③]国家体育总局发布的政府购买公共体育服务的主要方式与内容清单中将购买的内容与种类分为三级目录，其中一级目录包含4个子项，二级目录包含16个子项，三级目录包含29个子项(见表2-2)。

表2-2 政府购买公共体育服务的主要方式与内容清单

购买方式	购买模式	购买内容与分类		
		一级目录	二级目录	三级目录
公开招标；邀请招标；竞争性谈判；定向购买；合作购买；单一性来源采购；其他	竞争性方式；非竞争性方式	基本公共服务	体育类(赛事、活动、培训)	体育基础设施管理与运营；公益性竞赛、体育活动组织与实施；科学健身指导；体育人才队伍建设及管理服务；体育专业培训、认证管理服务；其他委托体育类服务
		社会管理性服务	体育公益宣传	体育宣传服务
		政府履职所需辅助性服务	行业规划；行业标准修订；法律服务；课题研究和社会调查；财务会计审计服务；会议和展览；监督检查；工程服务；项目评审评估；绩效评价；咨询；技术业务培训机关信息系统建设与维护；后勤服务	体育行业规划；行业标准制修订；法律服务和咨询；体育政策研究、课题调研与服务；体育财务会计审计服务；体育会议展览展示服务；体育行业监督检查；体育工程监理服务；项目预算评审；项目可行性评估；行业标准化评审；绩效评价与跟踪；专家咨询论证；专业策划、设计和咨询；体育人员专业技能培训；体育信息系统建设与运维；办公设备维修保养服务；物业服务；安全服务；印刷服务；餐饮服务等
		其他	其他	其他适宜由社会力量承担的服务事项

注：资料来源于国家体育总局。

① 刘玉.论社会转型期我国体育公共服务的内涵、特性与分类框架[J].成都体育学院学报，2010,36(10):1—4.

② 周爱光.从体育公共服务的概念审视政府的地位和作用[J].体育科学，2012,32(05):64—70.

③ 张大超，杨娟.我国政府购买公共体育服务的现实困境和发展对策[J].体育科学，2017,37(09):3—15+27.

（二）国内外政府购买公共体育服务实践研究

1. 我国政府购买公共体育服务的实践研究

我国地方政府和体育部门在贯彻落实国家政策文件精神的基础上，不断探索政府购买公共体育服务的实践方式，从我国的经济发达地区不断向全国范围推广。最具代表性的就是江苏省常州市政府购买公共体育服务的"常州模式"。2013年，常州市政府率先制定出台《购买公共体育服务的实施办法（暂行）》，积极探索政府购买公共体育服务的路径与机制，初步制定了以项目设置、评审标准、评审办法、合同签订、资金发放等为轴心的实施办法，吸纳了全市体育单项协会、体育俱乐部等共43家单位参与了18个赛事类项目的竞标，其中16家单位取得了承办权，吸引观摩和参与的常州市民10万余人，吸引社会资金接近100万元，18个赛事类中标项目均如期完成。①

从2009年起，武汉市政府统一部署，由武汉市体育局牵头联合教育局等相关部门，通过政府购买游泳服务的方式向辖区内的中小学生免费提供暑假游泳服务。该活动自举办以来受到社会各界的广泛关注，取得一致好评和良好的社会效益。②郭修金、戴健以上海、广东为个案进行了政府购买体育社会组织公共体育服务的实证研究，认为个案的成功主要在于政府购买委托第三方机构公开招标，引入市场竞争机制；以及"单一来源采购"和"竞争性谈判"的方式充分发挥了中介组织、行业协会等社会力量的作用，使公众的参与度大幅度提高。但个案依然暴露出现有模式的不足之处，如政府购买范围有待扩展、体育社会组织公信力有待提高、政府购买程序有待规范等。③

2. 国外政府购买公共体育服务的实践研究

以美国、英国、法国为典型代表的西方国家率先在公共体育服务领域引入市场机制，推行市场化改革运动，让私人部门通过竞争机制参与公共服务的供给。这种竞争既有私与私、公与私的竞争，也存在公与公的竞争。④私人部门参与到公共体育服务的供给中，大大增强了公共体育服务的供给能力，也带来了政府职能的转变。经过长期的实践，各国各具特色的公共体育服务市场化的改革模式逐渐成形，

① 贾文龙．政府购买公共体育服务的多元主体分析及协同推进策略——以常州市的实践为例[J]．山东体育科技，2016，38(05)：1－6.

② 李震，陈元欣，刘倩．政府购买公共体育服务研究——以武汉市政府购买游泳服务为个案[J]．武汉体育学院学报，2014，48(07)：36－40.

③ 郭修金，戴健．政府购买体育社会组织公共体育服务的实践、问题与措施——以上海市、广东省为例[J]．上海体育学院学报，2014，38(03)：7－12.

④ 夏贵霞．我国政府购买青少年公共体育服务研究[D]．北京体育大学，2018.

如美国的"重塑政府计划"，英国的"公民宪章"运动和"竞争求质量"运动，新西兰的公共服务商业化、分权化、公司化与私有化改革等。[①]美国学者莱斯特·M. 萨拉蒙通过对美国社会组织承接政府购买服务进行比较全面的调查和分析，发现美国通过向社会组织购买服务的方式培育和发展社会组织，社会组织的主要资金来源于承接政府购买服务，政府与体育社会组织有着共同的公益性属性，又各有优势，为了向社会大众提供更好的公共体育服务，双方合作而形成一种伙伴关系。[②]

（三）国内外政府购买公共体育服务的模式研究

1. 我国政府购买公共体育服务的模式研究

我国政府购买公共体育服务还处于起步阶段，但学术界已对政府购买公共体育服务模式问题展开了研究。武继兵、邓国胜从产权的角度，将政府购买公共体育服务分为公办民营、民办公助、公私共建、民办公营和社会组织示范政府推广等模式。[③]王名、乐园根据购买双方间的关系和购买程序竞争性总结出依赖关系非竞争性购买、独立关系非竞争性购买和独立关系竞争性购买三个模式。[④]随后，韩俊魁、王浦劬、苏明等学者结合实践，充分论证并肯定了这三种模式在中国的适用性。[⑤]肖北庚根据购买双方间的关系和购买方式总结出竞争性购买、非企业单位购买和非政府组织承担等三种模式。[⑥]冯欣欣根据购买程序的竞争性、购买服务的类型总结出竞争性软服务购买、竞争性硬服务购买、非竞争性软服务购买与非竞争性硬服务购买四种模式。[⑦]从湖平、卢伟基于对江苏、浙江、上海等省市的调研，提取并概括出独立关系竞争性购买、独立关系非竞争性购买、依赖关系非竞争性购买三种政府购买公共体育服务的模式。[⑧]

---

① 王进.当代体育社会心理探索——从理论到实践[M].浙江大学出版社，2013：38.

② 杨桦.深化体育改革推进体育治理体系和治理能力现代化[J].北京体育大学学报，2015，38(1)：1－7.

③ 武继兵，邓国胜.政府与NGO在扶贫领域的战略性合作[J].理论学刊，2006(11)：57－58.

④ 王名，乐园.中国民间组织参与公共服务购买的模式分析[J].中共浙江省委党校学报，2008(04)：5－13.

⑤ 韩俊魁.当前我国非政府组织参与政府购买服务的模式比较[J].经济社会体制比较，2009(06)：128－134；王浦劬，莱斯特·M.萨拉蒙，等.政府向社会组织购买公共服务研究——中国与全球经验分析[M].北京：北京大学出版社，2010；苏明，等.中国政府购买公共服务研究[J].财政研究，2010(01)：9－17.

⑥ 肖北庚.走向政府采购主导的政府购买公共服务模式[J].中国政府采购，2014(04)：20－22.

⑦ 冯欣欣.政府购买公共体育服务的模式研究[J].体育与科学，2014，35(05)：44－48＋71.

⑧ 从湖平，卢伟.政府购买公共体育服务的模式、问题及建议——基于苏、浙、沪、粤等省市的调研[J].体育科学，2016，36(12)：11－17.

通过对已有文献的分析，政府购买公共体育服务模式的划分都将购买程序的竞争性作为第一变量，模式划分的区别主要体现在第二变量。本书将从两个变量划分政府购买公共体育服务模式：根据承接体育服务的主体相对于政府是否具有独立性，分为依赖性公共体育服务购买和独立性公共体育服务购买；依据实际购买过程中是否具有竞争性，分为非竞争性购买和竞争性购买。最终根据这两个变量合成出四种模式，即依赖关系竞争性购买模式、依赖关系非竞争性购买模式、独立关系竞争性购买模式、独立关系非竞争性购买模式。

2. 国外政府购买公共体育服务的模式研究

政府购买公共体育服务模式会随着不同国家和地区社会环境、历史轮廓以及不同的竞争环境而发生改变。最具代表性的是：美国倡导公共服务"民营化"的学者萨瓦斯提出了委托授权、政府撤资、政府淡出三种模式，每种模式之下，又包含多种方式，如委托授权包括合同承包、特许经营、补助、凭单、法令委托五种方式。①德霍按照参与供给的主体数量归纳出竞争性购买、谈判购买、合作购买三种模式，而他个人主张合作购买模式。②德霍主张采用合作模式，认为这一模式既有利于杜绝购买过程中的机会主义，也有利于发挥供给方的专业优势，进而实现政府与社会为谋求长远利益而展开的合作。③

（四）关于政府购买公共体育服务的困境与对策研究

王占坤、吴兰化、张现成认为地方政府购买公共体育服务推进了政府职能的转变，促进了体育社会组织发展，回应了公共体育服务多元化的社会需求，但仍存在法律制度不健全、社会融合的价值取向未能达到、政府购买公共体育服务数量和覆盖面有限、体育社会组织发育不良、缺乏完善的公共体育服务质量水平评价及监督体系等现象。④周建新、王凯基于供方与买方缺陷的视野认为政府购买公共体育服务中的买方缺陷体现在公共体育服务界定模糊、体育需求与供给两端信息搜寻能力不足、委托—代理的复杂性凸显监管能力的欠缺。供方缺陷则体现为竞争性供

---

① E.S.萨瓦斯.民营化与公私部门的伙伴关系[M]. 周志忍，等，译.北京：中国人民大学出版社，2002.

② Ruth Hooglangd Dehoog, Comptition, negotiation or co-operatin: three models for service contracting[J].Ad-ministration and Society, 1990, 22(3): 22.

③ 刘宁.动物与国家——19世纪英国动物保护立法及启示[J]. 昆明理工大学学报(社会科学版)，2013，13(2)：37—47.

④ 王占坤，吴兰花，张现成.地方政府购买公共体育服务的成效、困境及化解对策[J].天津体育学院学报，2014，29(05)：409—414.

给市场未必存在、供方之间竞争水平较低与价格同盟威胁、政府购买公共体育服务的负外部性等。[①]戴太森、刘晓丽认为对于我国政府购买公共体育服务面临的困境,应扩大和完善政府在公共体育领域的转移支付制度,加快培育合格的承接主体,加强立法,健全购买的监督和问责机制。[②]

三、国内外政府购买青少年公共体育服务研究综述

英国学者约瑟夫是较早研究公共体育服务的学者之一,他提出大多数公共体育服务是由政府提供的,具有非竞争性和非排他性,对社会产生正外部效应。[③]塞弗里德等学者研究证实国家提供公共体育服务可以有效改善公众的生活质量。[④]巴特勒等人提出提供公共体育服务的服务者由政府转向非政府组织,能有效提高公共体育服务的质量。[⑤]青少年公共体育服务是公共体育服务的组成部分之一,是国家惠及青少年、服务青少年的社会工程,关于青少年公共体育服务的研究目前已经成为热点话题,国家也出台了一系列保障我国政府购买公共服务的文件(见表2-3)。

表2-3 政府购买公共服务的相关文件

序号	标题	文号	颁布日期
1	国务院关于印发《"十三五"文件推进基本公共服务均等化规划》的通知	国发〔2017〕9号	2017—03—01
2	关于通过政府购买服务支持社会组织培育发展的指导意见	财综〔2016〕54号	2016—12—01
3	关于做好事业单位政府购买服务改革工作的意见	财综〔2016〕53号	2016—11—30
4	财政部关于做好政府购买服务指导性目录编制管理工作的通知	财综〔2016〕10号	2016—03—23
5	国务院办公厅转发财政部发展改革委人民银行关于在公共服务领域推广政府和社会资本合作模式指导意见的通知	国办发〔2015〕42号	2015—05—22

① 周建新,王凯.政府购买体育公共服务的困境与突破——基于供方与买方缺陷的视野[J].体育与科学,2014,35(05):49—53.

② 魏太森,刘晓丽.政府购买公共体育服务的困境及优化策略[J].体育科学研究,2016,20(04):7—10.

③ See Jeffrey E.Cohen. Presidential Responsiveness and Public Policy-making [M]. Ann Arbor: University of Michigan Press.1999.

④ Chad Seifried, Aaron W. Clopton. An alternative view of public subsidy and sport facilities through social anchor theory [J]. City Culture & Society, 4(1): 49-55.

⑤ Richard Butler, David C. Wilson. Managing voluntary and non-profit organizations: Strategy and structure [M]. Routledge, 2015.

续表

序号	标题	文号	颁布日期
6	国务院办公厅转发文化部等部门关于做好政府向社会力量购买公共文化服务工作意见的通知	国办发〔2015〕37号	2015—05—05
7	关于印发《政府购买服务管理办法(暂行)》的通知	财综〔2014〕96号	2014—12—15
8	关于支持和规范社会组织承接政府购买服务的通知	财综〔2014〕87号	2014—11—25
9	关于政府购买服务有关预算管理问题的通知	财预〔2014〕13号	2014—01—24
10	关于做好政府购买服务工作有关问题的通知	财综〔2013〕111号	2013—12—04
11	国务院办公厅关于政府向社会力量购买服务的指导意见	国办发〔2013〕96号	2013—09—26

在构建青少年公共体育服务平台的研究中，平杰、郭修金指出政府是责任主体，学校是主阵地，通过完善政策法规体系、进行全程的健身评价等方式构建平台①，以公共服务均等化为指导思想，提出构建“社会—学校—家庭联系”的青少年公共体育服务体系。杨国庆等学者提出新时代背景下我国青少年公共体育服务应进一步建立“协会—学校”“俱乐部—社区”的新伙伴关系，实施专项体育组织计划。②舒宗礼基于整体性治理的角度，提出构建体育部门与教育部门相结合，家庭、学校、社区体育相结合，政府与社会力量相结合的共建共治共享的青少年公共体育服务体系。③

在青少年公共体育服务存在问题的研究中，童建红等学者研究发现青少年公共体育服务存在理念不到位、供给主体碎片化、主体责任泛化、非均等化等诸多问题。④周结友等人阐述了我国六省(区、市)青少年公共体育服务中存在学校体育场地开放程度差异较大、学校场地设施课余及节假日不对学生开放等状况。⑤

在研究国外青少年公共体育服务的研究中，胡雅静等人以英国和美国为例，指出英美两国青少年公共体育服务具有组织体系层级分明、运动项目适合青少年、体育活动结合身体素养、能够共同培养体育精英等特点。⑥王占坤等人则以日本为

① 平杰，郭修金.青少年公共体育服务平台的构建[J].上海体育学院学报，2012，36(01)：83—85.

② 杨国庆，刘红建，郇昌店.新时代我国青少年体育公共服务体系建设研究[J].北京体育大学学报，2018，41(04)：9—15.

③ 舒宗礼.基于整体性治理的我国青少年体育公共服务体系研究[J].武汉体育学院学报，2020，54(08)：20—27.

④ 童建红，李建国，张伟.青少年公共体育服务体系建设现状、问题与完善对策[J].广州体育学院学报，2015，35(03)：1—5.

⑤ 周结友，等.青少年体育公共服务现状、问题与建议——来自6省(区、市)评估调研的分析与思考[J].体育科学，2018，38(08)：38—48.

⑥ 胡雅静，等.发达国家青少年体育公共服务体系研究[J].体育科学，2019，39(12)：25—33+61.

例,研究发现日本青少年公共体育服务是“官民一体”的共治格局,同时注重残障青少年体育服务,青少年体育指导队伍日益科学化与志愿化。[①]

在政府购买青少年公共体育服务的研究中,政府购买青少年公共体育服务是指政府部门为了保障青少年的体育权益,更好地履行服务青少年健康促进的责任与职能,以文教体育等政府部门利用财政资金向社会组织购买青少年公共体育产品和服务的总称。[②]当前,我国政府购买青少年公共体育服务的模式尚处于探索阶段,相关研究主要围绕理论研究、制度设计、供给机制等方面。

在政府购买青少年公共体育服务理论研究方面,胡科、虞重干通过研究长沙市政府购买青少年游泳服务的政策,总结了政府购买青少年公共体育服务的相关背景、制度与机制、工作模式、关系特征。[③]夏贵霞在此基础上,深入分析了长沙市政府购买青少年游泳服务的政策,归纳出政府购买青少年公共体育服务中存在的政府主动性不足、体育社会组织竞争性不强、政府购买力度有限、监督不力等共性问题。[④]

在研究政府购买青少年公共体育服务制度设计方面,舒宗礼等人分析了高校承接政府购买青少年公共体育服务的行动逻辑、存在问题以及推进策略。[⑤]夏贵霞、舒宗礼研究了社会力量参与政府购买青少年公共体育服务的现实基础及路径选择,并提出五个机制,分别为目标认同机制、渠道通畅机制、权益维护机制、绩效监管机制和运行保障机制。[⑥]

在政府购买青少年公共体育服务供给机制研究方面,郭玲玲提出要建立青少年的需求表达和公共利益表达机制,并通过由一元到多元的供给方式转变和单中心到多中心的供给主体转变来有效提升青少年公共体育服务供给效率,并且通过剖析我国政府购买青少年公共体育服务的典型案例,提出供给机制的创新途径。[⑦]

---

① 王占坤,等.日本青少年体育公共服务体系建设的特征及借鉴[J].天津体育学院学报,2021,36(01):20—28.

② 夏贵霞.我国政府购买青少年公共体育服务研究[D].北京体育大学,2018.

③ 胡科,虞重干.政府购买体育服务的个案考察与思考——以长沙市政府购买游泳服务为个案[J].武汉体育学院学报,2012,46(01):43—51.

④ 夏贵霞.政府购买青少年课外体育服务的问题研究——以长沙市政府购买中小学生暑假游泳服务为例[J].山东体育学院学报,2018,34(01):45—50.

⑤ 舒宗礼,夏贵霞,王华倬.高校承接政府购买青少年体育服务:行动逻辑、问题透视与策略跟进——以北京“高参小”实践为例[J].北京体育大学学报,2016,39(11):97—103.

⑥ 夏贵霞,舒宗礼.政府购买服务视角下社会力量参与学校体育发展的现实基础与路径选择[J].武汉体育学院学报,2019,53(12):5—10.

⑦ 郭玲玲.我国青少年公共体育服务供给机制研究[M].北京:北京体育大学出版社,2019.

在评估政府购买青少年公共体育服务成效方面，夏贵霞、舒宗礼指出青少年的满意度是衡量政府提供公共体育服务成效的基础指标。①

四、国内外政府购买公共体育服务成效研究综述

公共体育服务是政府的一项惠民政策和措施，其开展成效在一定程度上反映政府在加快职能转变、创新治理模式、建设服务型政府等方面的水平。查阅相关文献资料，关于公共服务开展成效的研究有以下两篇成果较为典型。邵冰等人通过公共服务的质量、公众对于公共服务的满意度、用于公共服务资金等方面来评价公共服务成效，研究结果表明加强行政能力建设、规范行政行为、提高行政效能、努力构建服务型政府、提高公共服务质量是促进公益事业发展的有力措施。②张恒龙等人通过公共服务项目支出、公共服务设施、人均消费水平、公共服务政策与信息来评价公共服务开展成效，结果表明政府职能转变是我国社会政治、经济等发展的必然趋势，随着经济的发展，教育覆盖面、科研创新能力的提高以及城市化的趋势使我国公共服务水平在一定程度上有所提高。③

目前，国内关于政府购买公共体育服务成效的评估，应围绕以下六个主要方面：推动政府职能的转变、提高公共体育服务供给的质量和效率、促进体育社会组织发展、合理配置公共体育服务资源、推进政府购买公共体育服务制度建设、满足社会的体育需求。王全昌认为，体育活动、体育宣传、体育健身、体育意识、社会指导员数量、志愿服务机制等均可以用来衡量公共体育服务的开展成效。④

国内学者在根据具体案例分析公共体育服务取得的成效方面，夏贵霞以北京市政府购买青少年课后体育服务为例，总结认为其具有满足青少年基本的体育需求、促进学校特色体育课程体系的形成、转变政府供给体育服务的方式、充分利用社会体育资源、推动政府购买青少年公共体育服务制度的完善等成效。⑤李瑾通过

---

① 夏贵霞，舒宗礼．青少年公共体育服务满意度的测评与政策建议[J]．天津体育学院学报，2018，33(05)：385－391．

② 邵冰，安秀梅．无锡市政府购买公共服务改革的问题、成效及对策[J]．中国政府采购，2009(01)：32－33．

③ 张恒龙，毛雁冰，秦鹏亮．中国公共服务均等化的政策与成效[J]．上海大学学报(社会科学版)，2013，30(01)：96－110．

④ 王全昌．西安市公共体育服务成效、瓶颈及发展路径研究[C]//国家体育总局，中国体育科学学会．第三届全民健身科学大会论文集．国家体育总局，中国体育科学学会，2014．

⑤ 夏贵霞．政府购买青少年课外体育服务的实践探索与发展导向——以北京实践为例[J]．武汉体育学院学报，2016，50(04)：26－32．

分析上海市政府购买公共体育服务案例，从服务主体、服务内容、服务质量、政府职能转变等方面进行研究，总结出该案例中政府购买公共体育服务的成效：加快了上海市政府职能转变，一定程度上缓解了行政压力；整合了上海市的社会体育资源，提高公共体育服务整体质量；满足居民的体育需求，提升居民的幸福感。①

卢亚根据成本效益分析法，对上海、常州、武汉三个地方的政府购买业务培训类、群体赛事类、健身活动类、管理类、体质监测类、体育场馆类六大公共体育服务的效益现状进行了分析。发现共有四类公共体育项目处于亏损状态，并指出当前存在群众可选择项目范围较小、活动宣传不足、缺乏对活动的监管等相应问题。②谢雯以江苏、浙江、上海三个城市政府购买群众性体育赛事服务为例，从经济效益、社会效益、群众满意度三个维度进行成效分析。得出结论为政府资金投入逐年减少，反之社会资金逐年增加，参与群众性体育赛事群众数量呈上升趋势，且群众满意度较高，此外相关举措还促进了地方健身活动发展，促进体育产业的发展。③

刘嘉伟以福建省福州市政府购买公共体育赛事服务为例，根据购买围棋赛事和全民健身运动会案例总结成效：购买围棋赛事促进了当地围棋运动的发展提高了其知名度，促进了大众的参与，使得围棋成为当地代表性的运动项目；购买全民健身运动会，提供了高质量的体育赛事，满足了大众的体育赛事需求；通过购买公共体育服务，营造了全社会积极运动的体育气氛，让更多的人关注并参与公共体育服务。④朱江以云南省开远市政府购买城市公共体育服务为例，总结出购买公共体育服务后取得的成效：公共体育活动愈发丰富，开展了大量的武术、足球、围棋等市级比赛；公共体育硬件设施更加多样化，极大地满足了市民群众对于体育场地器械的需求；公共体育软件系统日益活跃，社会体育组织发展得到壮大，体育人口增加。⑤

综上所述，评价政府购买公共体育服务的成效可以从多个不同的角度展开，其中主要围绕政府职能的转变、社会组织提供服务的质量、政府购买公共体育服务带来的经济效益和社会效益以及受益群众的满意度等方面。

通过对北京、上海、江苏等地政府购买公共体育服务的案例分析发现，针对不同地区、不同受众、不同体育项目的成效，不能进行横向比较并加以类推。因此，评估政府购买公共体育服务的成效，要根据具体问题进行具体分析。

---

① 李瑾.政府购买公共体育服务成效[J].当代体育科技，2015，5(26)：131+133.

② 卢亚.基于成本效益分析政府购买公共体育服务的成效[D].河南大学，2017.

③ 谢雯.我国政府购买群众性体育赛事服务现状及成效研究[D].河南大学，2020.

④ 刘嘉伟.福州市政府购买公共体育赛事服务研究[D].福建师范大学，2020.

⑤ 朱江.开远市政府购买城市公共体育服务研究[D].云南师范大学，2020.

第二节　相关概念阐述

一、公共服务

“公共服务”这一概念在我国已被广泛使用，但是，对于什么是公共服务，不同群体却有不同的见解，甚至在不少情况下其含义常常含糊不清。概念上的混乱，往往容易助长实践中的混淆。公共服务是与私人服务相对应的一个概念，无论是公共服务还是私人服务，往往意味着对某一种公众需求的满足，或者说其本身就是公众的某一种需求。通常认为，现代社会中的所谓公共服务，是指政府运用公共权力和公共资源向公民（及其被监护的未成年子女等）所提供的各项服务。公共服务包括科学、文化教育、卫生等无形产品，也包括基础设施、道路交通等有形产品。而我国则将“公共服务”定义为“由政府部门、国有企事业单位和相关中介机构履行法定职责，根据公民、法人或者其他组织的要求，为其提供帮助或者办理有关事务的行为”。

公共服务与私人服务的区别在于，它们供给的主体和方式不一样。例如，教育本身只是特定的专业性服务，使用了公共权力或公共资源所提供的教育服务才是公共服务，而为了个人牟利使用私人资源所提供的教育服务或私立教育，是营利性的私人服务，而非营利社会组织使用来自捐赠等渠道的社会资源所提供的教育服务，或者它们兴办的公益性学校，则是非营利性的社会公益性服务。所以，不应将教育等专业性服务简单笼统地看作是公共服务或非营利的社会公益性服务。

二、青少年公共体育服务

青少年公共体育服务属于公共服务领域。在我国学术界，对青少年公共体育服务的阐释中，夏贵霞认为，青少年公共体育服务是指政府部门为满足6至18周岁青少年的体育需求，提供的公共体育产品与服务。[①]肖林鹏等通过对公共服务概念的讨论，将其纳入行政学范畴，进而把公共体育服务定义为公共组织为满足人民群众的公共体育需求而提供的服务，提供的公共服务包括公共物品或混合物品。[②]范冬云认为公共体育服务是政府、企业和第三部门等供给主体为满足社会成员体育

① 夏贵霞．我国政府购买青少年公共体育服务研究[D]．北京体育大学，2018.

② 肖林鹏，李宗浩，杨晓晨．公共体育服务概念及其理论分析[J]．天津体育学院学报，2007(02)：97－101.

需要而提供体育公共产品的服务。[①]童建红等认为青少年公共体育服务旨在满足青少年的体育需求，它不仅包括体育产品和服务，还包括体育劳务、指导和信息，这些服务是专门针对青少年群体提供的，并且具有一定的排他性和非竞争性。[②]郭玲玲通过对公共产品的分析，认为青少年公共体育服务是由政府或在政府主导下由非政府部门提供生产和供给，能够满足青少年群体的共同体育需求，具有明显公共性质的有形产品和无形服务组成的产品体系。[③]综合分析上述学者对青少年公共体育服务概念的界定，本书将青少年公共体育服务定义为：政府为满足青少年群体的体育需求，所提供的具有明显公共性质的体育产品或服务。

关于青少年公共体育服务的划分，《国家基本公共服务体系"十二五"规划》把基本公共服务定位为公共服务最基础、最核心的部分，属于公民权利，同时把提供基本公共服务定位为政府职责，须由政府主导并负最终责任。所以提供青少年公共体育服务是社会最基本体育需要的服务内容之一，从政府体育部门实施公共管理的角度着手，在青少年公共体育服务供给领域中，基本青少年公共体育服务的内容可分为青少年体育活动服务、青少年体育指导服务、青少年体育场地设施服务、青少年体育组织管理服务、青少年体质监测服务、青少年体育信息服务六大类。其中青少年体育活动服务主要包括青少年参与体育健身活动、青少年参与体育竞赛活动、青少年参与体育教学活动、青少年参与体育展示活动等；青少年体育指导服务主要包括青少年体育健身咨询、青少年体育健康教育、青少年运动技术指导等；青少年体育场地设施服务主要包括不同供给主体提供给青少年的体育场地设施，比如学校配备的满足青少年校内体育课程或校内体育活动的体育设施、政府财政资金统一配备的青少年公共体育设施等；青少年体育组织管理服务主要指青少年体育运动协会服务、青少年体育俱乐部服务、青少年体育指导者服务、青少年体育管理服务等；青少年体质监测服务包括青少年体质评价服务、青少年体质测试服务、青少年体质科研服务等；青少年体育信息服务包括青少年体育宣传服务、青少年体育网络电子信息服务、青少年体育信息咨询服务等。

上述六大类的内容又可以分成物质性青少年公共体育服务和非物质性青少年公共体育服务两种类别。青少年公共体育服务的前提和基础是物质性服务产品，体育场地设施是生产者为青少年提供公共体育服务的物质载体，是物质性青少年公共体

---

① 范冬云．我国体育公共服务研究中几个问题的探讨[J]．成都体育学院学报，2010，36(02)：6—8＋12.

② 童建红，李建国，张伟．青少年公共体育服务体系建设现状、问题与完善对策[J]．广州体育学院学报，2015，35(03)：1—5.

③ 郭玲玲．我国青少年公共体育服务供给机制研究[D]．北京体育大学，2016.

育服务产品的主要内容，是青少年公共体育服务的基础保障。而体育活动服务、体育指导服务、体育组织管理服务、体质监测服务、体育信息服务等组成了非物质性青少年公共体育服务产品系统，这类服务产品直接关系到青少年享受体育运动权利的感知质量和满意度。比如，在青少年成长过程中，基本体育需要主要表现为参与体育活动需要，属于青少年基本的健康需要，是非物质性青少年公共体育服务的内容之一，也是青少年公共体育服务(其分类见表2-4)最核心的一种服务产品表现形式。

表2-4　青少年公共体育服务的分类①

分类标准	青少年公共体育服务类型	青少年公共体育服务内容
属性特征	纯青少年公共体育服务	青少年体育政策和法规、青少年学校体育教育、体育环境治理
	准青少年公共体育服务	部分基础设施或公共设施(青少年校外体育活动中心)、青少年体育文化娱乐设施、青少年体育保险服务、青少年社会运动场地、商业性体育设施
服务内容	青少年体育活动服务	青少年参与体育健身活动、青少年参与体育竞赛活动、青少年参与体育教学活动、青少年参与体育展示活动等
	青少年体育指导服务	青少年体育健身咨询、青少年体育健康教育、青少年运动技术指导等
	青少年体育场地设施服务	学校配备的满足青少年校内体育课程或校内体育活动的体育设施、政府财政资金统一配备的青少年公共体育设施(包括社区体育设施)、青少年社会运动场地、商业性体育设施等
	青少年体育组织管理服务	青少年体育运动协会服务、青少年体育俱乐部服务、青少年体育指导者服务、青少年体育管理服务等
	青少年体质监测服务	青少年体质评价服务、青少年体质测试服务、青少年体质科研服务等
	青少年体育信息服务	青少年体育宣传服务、青少年体育网络电子信息服务、青少年体育信息咨询服务等
形态或存在形式	有形青少年公共体育服务	青少年公共体育服务设施、青少年体育组织、各种形式的青少年体育活动(青少年校外体育活动中心、形态或青少年体育俱乐部、青少年户外体育活动营地等)
	无形青少年公共体育服务	青少年公共体育服务发展的体育政策、法规和体育制度，青少年公共体育服务监督反馈和评价，各种关于青少年体育服务的共享性信息
需求类型	普遍性青少年公共体育服务	青少年学校体育教育、校内体育课、校内课外体育活动
	差异性青少年公共体育服务	体育爱好提高性技能培训、体育活动保险、体育运动减肥等

① 郭玲玲.我国青少年公共体育服务供给机制研究[M].北京:北京体育大学出版社,2019.

三、政府购买

《中华人民共和国政府采购法》第一章第二条将政府采购定义为“各级国家机关、事业单位和团体组织，使用财政性资金采购依法制定的集中采购目录以内的或者采购限额标准以上的货物、工程和服务的行为”[①]。但关于“政府购买”，学者们都将其结合具体研究的领域进行定义，并没有单独对“政府购买”进行概念的厘定。相关概念界定的统一范畴均为“政府购买公共服务”，目前关于政府购买公共服务的概念界定有如下几种观点。顾平安认为政府购买公共服务是指政府将原来由其直接举办的、为社会发展和人民日常生活提供服务的事项交给有资质的社会组织来完成，并根据社会组织提供服务的数量和质量，按照一定的标准进行评估后支付服务费用。[②]李军鹏认为政府购买公共服务就是把原来由政府直接向社会公众提供的一部分公共服务，通过合同外包、公私合作、补助或凭单等方式转交给社会力量提供，并由政府根据服务数量和质量向其支付费用。[③]易志坚等人认为政府购买公共服务是指政府以财政资金转移的形式，通过平等地订立合同契约等方式，向其他组织或个人购买公共服务。[④]综合以上概念的界定，并结合本书所要研究的内容，界定本书的政府购买青少年公共体育服务概念为：各级国家机关、事业单位和团体组织，使用财政资金依法购买青少年公共体育服务的行为。

四、政府购买公共体育服务

政府购买服务发展起步相对较晚，学者们对政府购买服务的概念界定也说法不一，始终未形成统一。“政府购买公共服务”也称“政府购买服务”，对这一概念的理解因侧重点不同形成了“行为说”“方式说”“转移支付说”“过程说”。“行为说”认为政府购买服务是政府部门为了履行服务社会公众的职能，通过政府财政向各类社会服务机构进行直接购买从而实现政府财政效力最大化的行为。[⑤]“方式说”认为政府购买服务是一种“政府承担、定向委托、合同管理、评估兑现”的政府提供公

① 中华人民共和国政府采购法[EB/OL].(2014—08—31)[2022—10—15].国家法律法规数据库.

② 顾平安.推进政府公共服务的合同制管理[J].理论前沿，2008(18)：25—26.

③ 李军鹏.政府购买公共服务的学理因由、典型模式与推进策略[J].改革，2013(12)：17—29.

④ 易志坚，汪晓林，王丛虎.政府购买公共服务的几个基本概念界定[J].中国政府采购，2014(04)：23—25.

⑤ 谢陶，杨文贤，陈敏.动物竞技解读[J].武汉体育学院学报，2011，45(04)：5—9+29.

共服务的方式。[①]“转移支付说”认为政府购买服务本质上是一种财政资金的转移支付方式，是政府与社会组织签订合同，使用财政资金，由社会组织承包服务，实现特定的公共服务目标的机制。[②]“过程说”简要描述了政府购买服务的过程，认为政府购买服务是指由政府确定服务的种类、标准及质量，并以签订契约的方式向受托者提供经费用以购买公共服务，服务受托者可以是营利组织、非营利组织或其他政府部门。[③]现已生成的定义中都明确了政府购买服务的基本要素，即政府购买的主体、客体和方式。政府是购买服务的委托者，社会组织是受托者，购买行为发生的对象客体是公共服务，具体则是通过财政支付的方式进行。

本书认为，政府购买服务是为满足人民美好生活需要，由各级政府出资并通过公开招标、定向委托等方式，将原本由政府提供的服务转交给具备相应资质的社会组织、企业等社会力量，政府则负责监督评价，以提高服务供给质量的一种新型服务供给方式。

五、政府购买公共体育服务的工作模式

学术界在近年来，针对工作模式的概念界定有以下几种观点。王敏认为工作模式是指在一定的思想理论指导下，为完成特定的工作目标，对影响工作目标实现的诸要素进行科学组合，并在一定时间和空间范围内的实践中形成的活动结构和操作方法。[④]段书昆认为工作模式是人们在生产生活实践当中通过积累而得到的经验的抽象和升华，或者说是从不断重复出现的事件中发现和抽象出的规律，它是解决问题形成经验的高度归纳总结。[⑤]邹洋认为工作模式是指组织相对固定的工作形态和以此形成的工作标准流程。[⑥]

本书认可第一种观点所定义的工作模式的概念。结合本书所研究的内容，总结政府购买青少年公共体育服务工作模式的概念，就是指在治理理论、新公共管理理论和新公共服务理论等相关理论的指导下，在相关政策法律规制之内，政府为完

① David Levinson, Karen Christensen, eds.. Encyclopedia of world sport: From ancient times to the present[M]. Oxford University Press, USA, 1999.

② Tim Chandler, Wray Vamplew, Mike Cronin. Sport and physical education: The key concepts [M]. Routledge, 2007.

③ Mike Radford. Animal welfare law in Britain: Regulation and responsibility [M]. Oxford University Press, 2001.

④ 王敏. 高校发展型学生工作模式构建研究[D]. 东北林业大学，2020.

⑤ 段书昆. 健全云南省新农村建设指导员工作模式研究[D]. 云南财经大学，2014.

⑥ 邹洋. 新媒体环境下基层共青团工作模式研究[D]. 重庆大学，2017.

成供给青少年公共体育服务的工作目标，通过合理安排影响工作目标实现的诸要素，在一定时间和空间范围内的实践中形成的活动结构和操作方法。该工作模式包括各相关主体（购买主体、承接主体、消费主体）、购买的内容和程序，以及购买公共体育服务的监督与评估等基本要素。

六、政府购买青少年公共体育服务的成效

辞海中将成效定义为“收到的效果”。谢雯在研究政府购买服务中将成效定义为根据政府购买评价原则与评价指标评估效果，主要包含经济效益、社会效益和满意度指标三个维度。①

当前在政府购买公共服务研究领域，对于成效的概念界定缺乏统一标准，成效的研究主要围绕不同购买项目的特点，结合实际情况，进行效果分析。综上所述，本书将政府购买青少年公共体育服务的成效定义为青少年群体和其家庭以及社会带来的益处和转变，并且带给青少年、家庭、社会的一些较长远的有利影响。

第三节　政府购买青少年公共体育服务的理论阐释

一、新公共管理理论

新公共管理理论是当代西方政府改革实践在理论上的总结，该理论反过来又成为政府改革实践的指导思想。新公共管理理论作为一种政府改革的国际思潮，于20世纪70年代起源于英国、美国、新西兰和澳大利亚，并迅速扩展到其他西方国家。到了80年代末90年代初，随着西方各国政府改革运动的深入展开，新公共管理作为政府管理的新范式形成和发展起来。

新公共管理理论是在对传统的公共行政理论的批判基础上逐步形成和发展起来的。传统的公共行政学诞生于19世纪末20世纪初，在20世纪70年代以前，传统的公共行政学一直是政府研究领域中居于支配地位的主导范式。传统公共行政理论的理论基础是威尔逊、古德诺的政治与行政二分法和以韦伯的科层制理论为内核的官僚组织理论。按照休斯的观点，传统的公共行政学提出了如下四个基本原则：第一，政府组织及其结构应根据科层制的原则建立；第二，由政府机构提供公共物品和服务；第三，政治事务与行政事务分开，政治事务指政策和战略的制定，行政事务指执行政策和行政命令；第四，行政事务作为一种特殊的管理形式，需要由职

① 谢雯.我国政府购买群众性体育赛事服务现状及成效研究[D].河南大学，2020.

业化的官僚承担，他们终身受雇，并可以一视同仁地为不同的政治领导人服务。[①]新公共管理理论的理论基础不同于传统公共行政理论，新公共管理理论的理论基础主要是经济学、公共选择理论、新制度经济学理论和企业管理理论。

首先，新公共管理理论将经济学的基本假定、理论和方法论应用于公共管理的研究之中。从20世纪60年代开始，经济学在西方政府管理中的影响不断增强。与传统公共行政学模糊的理论基础相比，经济学以“经济人”的假设作为出发点，提供了精确的理论范式和研究方法，新公共管理理论对于结果、效率和绩效测量等方面的关注主要来自经济学。新制度经济学对新公共管理的影响尤其突出。新制度经济学发源于科斯将交易成本概念引入到对企业组织和市场边界的研究之中，他从制度成本比较的角度研究制度的选择和设计，提出“在公共部门，如果采用签约的形式来降低行政经费并且造成某种竞争，将有可能使某些交易付出较低的成本”。新制度经济学对传统的公共行政理论进行了深入批判，提供了政府改革实践的理论基础，也为设计一种以市场为基础的公共决策与公共管理模式提供了方法论。[②]

其次，公共选择理论对新公共管理理论具有深远的影响。公共选择理论将经济学方法运用于政治学的研究，运用个人主义方法论，解释传统上属于政治学、行政学研究范畴的问题，对“政府失灵”的现象及其原因进行了系统的分析，认为传统的官僚制组织模式不具有更好的责任机制、激励约束机制和灵活性，需要向灵活的、负责的和成本—收益对称的市场机制转变。

最后，企业管理理论也是新公共管理的理论基础。传统的公共行政理论是与西方工业社会的政府管理相适应的。但随着西方各国由工业社会向后工业社会及信息社会转变，这种理论及实践模式就显得越来越不适应了。信息化和全球化的进程改变了人类的生存环境，同时也改变了私营部门的组织管理模式。传统的那种权力集中、等级森严、控制严密的官僚体制的组织模式在20世纪五六十年代的私人部门管理中首先被打破，私营部门为了适应环境变化的挑战，率先进行管理变革，新的管理理论、技术和模式层出不穷。在私营部门的示范作用下，公共部门开始引进绩效评估、目标管理、灵活化的组织、弹性的组织模式和人力资源开发等私营部门的管理方法和技术，形成了重视结果、以顾客为导向的管理理念。

对于新公共管理的内容，西方公共管理学者及实践者们从不同角度进行了说明。胡德从管理过程的角度看待新公共管理，认为新公共管理包括公共政策领域中的专业化管理、绩效明确的标准和测量、格外重视产出和控制、公共部门内由聚

① 陈振明.评西方的“新公共管理”范式[J].中国社会科学，2000(06)：73—82+207.

② 郭玲玲.我国青少年公共体育服务供给机制研究[M].北京：北京体育大学出版社，2019.

合趋向分化、公共部门向更具竞争性的方向发展、对私营部门管理方式的重视和强调资源利用具有更大的强制性和节约性。休斯从一般管理的框架入手概括新公共管理的内容,认为新公共管理的内容包括战略、管理的内部要素和管理的外部构成要素三个部分。经合组织(OECD)提出,新公共管理一方面是提高公共组织的生产绩效,提高人力资源管理水平;另一方面是充分利用私营部门的管理方法,从而提高了公共产品和服务的供给能力。奥斯本和盖布勒在《改革政府:企业家精神如何改革着公共部门》一书中,概括了新公共管理的政府实践模式,提出了政府改革的十大原则:并不简单是提供公共服务,也向公共、私人和志愿服务各部门提供催化剂,使之行动起来解决自己社区的问题;把控制权从官僚机构转移到社区,从而授权给公民;政府促进服务提供者之间展开竞争;行为的动力不是来自规章条文,而是来自自己的目标、自己的使命;衡量各部门的实绩,把焦点放在结果而不是投入上;把服务的对象重新界定为顾客,让顾客有所选择;把精力集中于挣钱而不单单是花钱;防患于未然,而且不是在问题成堆出现以后才来提供各种服务;下放权力,积极采取参与式的管理;通过市场力量进行变革。彼得斯在《政府未来的治理模式》中将新公共管理模式(治理模式)分为四种类型,即市场化政府、参与性政府、灵活性政府和解除规制政府,并从结构、管理、政策制定、公共利益四个方面对这几种模式加以分析比较。①

新公共管理理论的核心部分是公共财政学,其研究对象是政府的收支活动,具体而言,是指如何通过国家预算财政收入安排财政支出、提供公共产品、纠正市场失灵、优化资源配置以及调节收入分配。新公共管理理论的经济学基础包含了委托—代理理论和交易成本理论。新公共管理理论的理念主要表现为:(1)以效益为主要的价值取向;(2)建立企业式政府和以顾客为导向的政府;(3)引入市场机制。②以效益为价值取向的理念认为政府重视的不应该是严格的管理,而是管理活动所产出的效益。建立企业式政府和以顾客为导向的政府,需要政府以服务对象为顾客,把顾客当作上帝,政府服务应该以顾客的需要或者市场的需要为导向。引入市场机制是指政府是公共服务理所当然的提供者,但这并不意味着公共服务必须要由政府去生产提供,在公共服务的某些领域可以取消其供给,让私营部门参与到公共服务的提供中来,把竞争机制引入政府的公共管理中,从而提高公共服务供给的质量与效率。

---

① 参见戴维·奥斯本,特德·盖布勒.改革政府:企业家精神如何改革着公共部门[M].上海:上海译文出版社,2013.

② 杨明伟.新公共管理理论述评[J].四川行政学院学报,2005(02):21—24.

新公共管理理论为政府购买青少年公共体育服务模式提供了一定的方法论。新公共管理理论以效益为价值取向，要求政府在购买青少年公共体育服务的过程中处于一个管理者的角色，重视政府购买青少年公共体育服务的效益。而要提高政府购买青少年公共体育服务的效益，就必须以青少年为“顾客”，并且以“顾客”的需求为导向提供公共体育服务。政府购买青少年公共体育服务，就是要转变政府职能，实现生产与供给的分离，在其中引入市场机制，从而提高青少年公共体育服务供给的质量与效率。就政府购买青少年公共体育服务模式来说，新公共管理理论所提出的引入市场竞争机制，增强政府购买青少年公共体育服务的竞争性，将是完善政府购买青少年公共体育服务工作模式的必然选择。

二、治理理论

治理的最终目标是善治，而善治是使公共利益最大化的社会管理过程。①治理理论兴起于西方福利国家的管理危机和政府与市场的矛盾关系。治理理论更倾向于政府行政管理方式的变革，其运行机理在于调节政府自身和公民、社会的关系，协调各方行为主体，形成多元、协作共治的局面。政府的自我调节是政府由“全能政府”向“有限政府”转变，要求政府简政放权、转变职能，适当地将一些职能和责任交给社会力量，并在这个过程中承担“掌舵者”的角色，建立各方主体的行动准则和规范，并指导前进的方向。关于政府与公民关系的调节，该理论强调的是政府与公民的良好合作和公民的积极参与，实现管理民主。其本质是通过政府的管理来实现公民的权利和利益，公民不仅是公共服务的“消费者”，更是公共服务的监督者，政府要广泛听取民意，当然公民也要积极主动地参与，因为只有公民自身最了解自身的需要，这样才能提高公共服务的满意度。②在调节政府与社会的关系中，侧重的是“生产”与“供给”的分离，政府除提供必要的纯公共物品和准公共物品外，通过市场的制度化设计，引入市场竞争机制，从而克服政府的供给压力，提高供给公共物品或公共服务质量与效率。③当然，治理理论最重要的一环是在调节各方关系的同时将各主体的权利、责任和义务合理分配比重，形成一个更加科学、合理的运行机制，共同促进各方利益的最大化。

通过以上论述，政府购买青少年公共体育服务正是对治理理论在一定程度上

---

① 俞可平，等．中国离“善治”有多远——“治理与善治”学术笔谈[J]．中国行政管理，2001(09)：15—21.

② 沈荣华，周义程．善治理论与我国政府改革的有限性导向[J]．理论探讨，2003(05)：5—8.

③ 孙柏瑛．当代政府治理变革中的制度设计与选择[J]．中国行政管理，2002(02)：19—22.

的实践表达。在“政府购买”的语境下，政府以掌舵人的身份，协调各方主体，通过良好的沟通与协作共治，实现公共利益的最大化。同时，治理理论的行政管理运行机制对优化政府购买青少年公共体育服务的工作模式及创新青少年公共体育服务供给机制提供了理论与实践的参考。

三、善治理论

20世纪90年代以来，治理理论强调政府、非政府组织、公民个人等共同行使权力和权利，促进社会利益的最大化，该理论广泛应用于政府的公共管理中，以促进管理的民主化。但治理理论存在着削弱国家主权的理论缺陷，因此，为了克服治理理论的不足，西方学者提出了善治理论。

俞可平将善治定义为将公共利益最大化的社会管理过程。①他还指出政府和公民的关系决定着善治的程度，据此提出了善治的十个基本要素，分别是合法、法制、透明、责任、回应、有效、参与、稳定、廉洁和公正。每个基本要素都与善治呈正相关关系，即各要素水平越高则善治程度越高。②在界定善治概念的基础上，何哲指出实现善治的两个重要原则为民主和法治。③民主和法治是推进善治的重要保障，同时民主和法治两者相辅相成，民主是法治的基础，法治是民主的保障。

随着善治理论的应用领域越来越广泛，善治也成为体育治理领域的最终目标。④体育治理的对象范围广泛，包括竞技体育、学校体育、社会体育等多种形态⑤，其中社会体育领域又涵盖公共体育服务。那么，政府购买青少年公共体育服务的相关问题也可以充分地根据善治理论进行分析，探索政府购买青少年公共体育服务中的透明性、回应性、有效性、公正性等基本要素，分析政府购买青少年公共体育服务中的善治程度，从而改善政府购买青少年公共体育服务的成效，实现公共利益最大化，推动政府购买青少年公共体育服务的高效实施。

---

① 俞可平．治理与善治[M].北京：社会科学文献出版社，2000.

② 俞可平．增量政治改革与社会主义政治文明建设[J].公共管理学报，2004(01)：8－14＋93.

③ 何哲．“善治”概念的核心要素分析——一种经济方法的比较观点[J].理论与改革，2011(05)：20－23.

④ 李兵．基于善治理论的体育公共服务供给侧改革研究[J].南京体育学院学报(社会科学版)，2016，30(04)：54－60.

⑤ 任海．中国体育治理逻辑的转型与创新[J].体育科学，2020，40(07)：3－13.

四、新公共服务理论

20世纪70年代,在对新公共管理理论进行批判和超越的基础上,以丹哈特夫妇为代表的西方学者们提出了新公共服务理论。[①]该理论中主要包括以下七个主要观点:政府要服务社会而不是掌控社会;政府应以实现共同利益为目标;政府应集中各方力量,共同完成目标;政府要为公民服务;政府的责任是多元的;政府不仅要重视效率,更要注重人的价值;政府要重视公民权利和公共服务。[②]

根据新公共服务理论,政府应将公民视为"顾客",倾听公民的需求,向公民提供最优的公共服务,以构建现代服务型政府。[③]中国政府切实推进政务改革,致力于建设服务型政府。[④]服务型政府重视提供社会公共服务,将资源广泛配置于社会公共服务事务中,并且推行全民参与机制,鼓励公民表达和选择自身需要的社会公共服务。[⑤]

根据新公共服务理论的观点,本书认为,政府在向社会组织购买青少年公共体育服务时要调查受众青少年对服务内容、数量及质量的需求,以便提供高效高质量的青少年公共体育购买服务。同时,在购买服务结束后要重点关注服务评价,并以受众青少年的满意度作为评价的重要指标之一。如此一来,政府不仅为青少年提供了高质量的公共体育服务,还适应了构建现代服务型政府的要求。

五、顾客满意度理论

顾客满意度(Customer Satisfactory),是顾客对产品或服务的期望值与自身实际感受的量化统计指标。从20世纪70年代以来,顾客满意度理论成为学者们研究的重点,同时顾客满意度也成为企业营销的一种战略,被称为"CS战略"。2000年颁布的ISO 9001:2000版国际标准中,关于"顾客满意度"明确提出:企业应将顾客的满意度,作为对质量管理测评的标准之一,"以顾客为中心"同时也是质量管理

---

① 王丽莉,田凯.新公共服务:对新公共管理的批判与超越[J].中国人民大学学报,2004(05):104—110.

② 罗伯特·B.丹哈特,珍妮特·V.丹哈特,刘俊生.新公共服务:服务而非掌舵[J].中国行政管理,2002,(10):38—44.

③ 侯玉兰.新公共服务理论与建设服务型政府[J].国家行政学院学报,2005(04):31—34.

④ 刘熙瑞.服务型政府——经济全球化背景下中国政府改革的目标选择[J].中国行政管理,2002(07):5—7.

⑤ 施雪华."服务型政府"的基本涵义,理论基础和建构条件[J].社会科学,2010(02):3—11+187.

的第一个原则。①

当前,顾客满意度评价体系模型主要有三个,分别是SCSB模型、ECSI模型和ACSI模型。我国的顾客满意度评价体系模型是以ACSI模型为基础,其中的核心指标分别为感知总体质量、预期质量、感知价值、客户满意度、客户抱怨以及客户忠诚。②由于上述指标均无法直接测量,因此要在满意度问卷中细化各项指标,直至指标可以被量化。

顾客满意度是政府购买服务领域被广泛使用的指标之一,且在不同特质的对象之间具有稳定性。满意度可以替代受众的主观效果,成为服务效果评价中的一部分。③在体育服务领域,受众青少年满意度也是评价青少年体育服务质量的重要标准之一。④综上所述,本书根据顾客满意度理论,设计并发放满意度问卷,搜集受众青少年的满意度,力图使评价政府购买青少年公共体育服务成效的方法具有较强的学理性和有效性。

---

① 田月华,陈玲玲.顾客满意度述评[J].东南大学学报(哲学社会科学版),2006(S1):59—61.

② 梁燕.顾客满意度研究述评[J].北京工商大学学报(社会科学版),2007(02):75—80.

③ 刘江,顾东辉,肖梦希.满意度能作为社会服务效果评价指标吗?——基于一项政府购买社会服务项目的量化分析[J].华东理工大学学报(社会科学版),2022,37(01):1—14.

④ 李可.基于顾客满意度方法理论的体育服务管理研究[J].北京体育大学学报,2008,31(12):1612—1615.

第三章　政府购买青少年公共体育服务工作模式的实践探索

伴随着政府公共体育服务供给的多元化转型，政府购买青少年公共体育服务模式日渐发展并已成为驱动国家治理体系和治理能力现代化的新途径。本书试图更深入探究政府购买青少年公共体育服务的工作模式，即通过选取具体政府购买案例作为衡量工作模式作用机制的关键代理变量，探讨政府购买青少年公共体育服务的最佳工作模式。政府购买青少年公共体育服务的工作模式主要有依赖关系非竞争性工作模式、依赖关系竞争性工作模式、独立关系非竞争性工作模式和独立关系竞争性工作模式（如图3-1）。由于依赖关系竞争性工作模式当前在我国政府购买青少年公共体育服务实践中很少见，本书仅讨论另外三种工作模式。这三种工作模式产生和发展与当时经济的发展、政策制度的制定、政府职能的转变以及社会组织的发育相关。

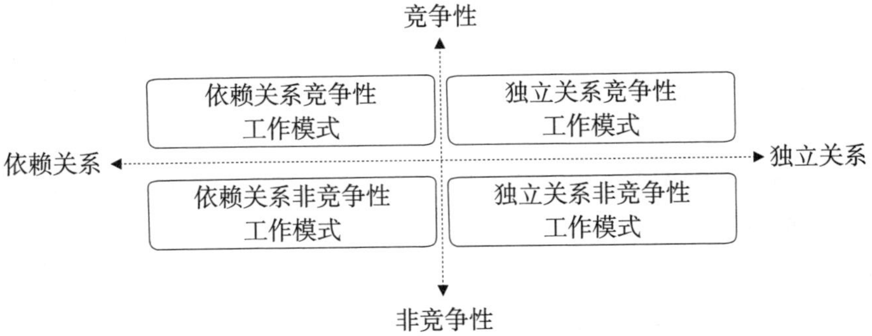

图3-1　我国政府购买青少年公共体育服务工作模式

第一节　依赖关系非竞争性工作模式的例证分析

一、依赖关系非竞争性工作模式的理论阐述

我国高度重视政府购买公共服务的发展，并对相关制度不断进行完善。2002年《中华人民共和国政府采购法》问世，政府购买公共服务正式走上正轨。2007年，国务院发布了《关于加快推进行业协会商会改革和发展的若干意见》，明确提出

"各级人民政府及其部门要进一步转变职能,把适宜于行业协会行使的职能委托或转移给行业协会"。这些行业协会是介于政府、企业、商品生产者与经营者之间,为其提供咨询、沟通、监督、公证等服务的社会中介组织,其中就包括各单项体育协会。这就使得这些单项体育协会加入了政府购买公共体育服务的过程中,承担着提供公共体育服务的工作。在政府购买公共服务兴起之初,各单项体育协会成为供给公共体育服务的主力军,依赖关系非竞争性工作模式便由此产生,并成为当时主流的工作模式。

依赖关系非竞争性工作模式(如图3-2)是指作为购买主体的政府与作为承接者的社会组织之间存在依赖的关系,购买的服务内容直接由政府委派给承接者。承接者通常为各单项运动协会,或者是为了达成购买公共服务的任务而建立的一种与政府具有上下级关系的"社会组织"。这种工作模式在国内是较为常见的工作模式。同时,政府与承接者之间是一种依赖关系,服务合同、订单是由政府直接委托给承接方,与其他潜在供给方不存在竞争关系。其特点包括以下两个方面:一是购买流程行政性强,承接者服从于政府的安排提供公共服务,在监管和评估方面则依靠政府行政管理的方式来执行①;二是政府将公共服务职能有限转移给社会体育组织,政府本身仍然承担较大部分责任②。尽管有些社会组织完成改制,在名义和制度上已经是一个独立组织,但其依然对政府形成依赖(部分社会体育组织刚从原来的结构中走出来,对政府仍存在"非制度性依赖",即在资金、资源、组织发展等方面通过权威、私交、领袖魅力等非制度形式获得,虽然其表面上已经成为独立、自主的组织)③,这些组织所承接的公共服务订单一般不通过竞争性程序获得。另外,政府实际上没有把提供公共服务的职能转交给社会组织,在本质上仍承担着提供公共服务的职能,政府的职能并没有缩减,反而在一定程度上扩大了。这种工作模式是我国政府购买公共服务过程中比较常用的一种工作模式,虽具有一定的不足之处,但就当前社会组织发育的状况而言,这种工作模式的存在仍具有一定的价值。

---

① 欧莉萍. 地方政府购买公共服务研究[D]. 湖南大学,2012.

② 王亚凤. 我国政府购买公共服务的模式研究[D]. 郑州大学,2012.

③ 葛亮,朱力. 非制度性依赖:中国支持型社会组织与政府关系探索[J]. 学习与实践,2012(12):70—77.

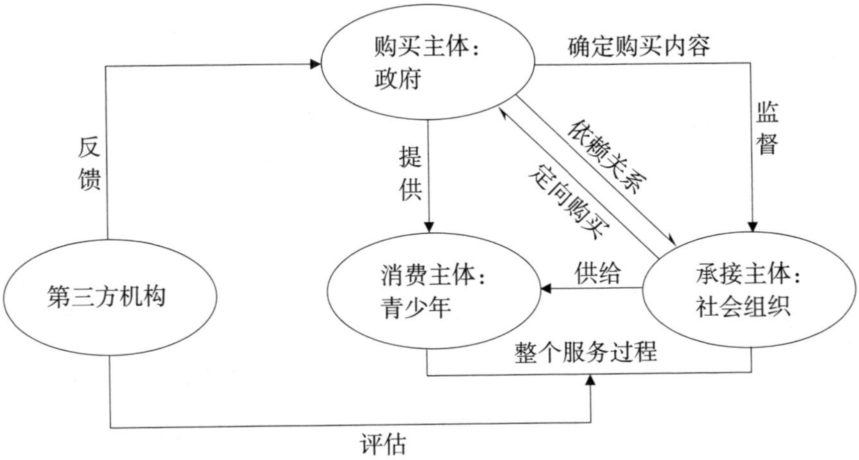

图3-2　依赖关系非竞争性工作模式具体运行过程图

二、依赖关系非竞争性工作模式的运行分析——以“武汉市全民健身中心游泳馆”为例

武汉市政府购买青少年公共体育服务之初，依赖关系非竞争性工作模式就普遍存在。数十年来，武汉市的社会组织虽然得到了一定程度的发展，但是由于多方面原因，社会组织数量和质量仍达不到政府所期望的要求，故依赖关系非竞争性工作模式长期存在，成为政府“内部购买”和“运动化购买”的典型工作模式。从2021—2022年武汉市政府购买暑期免费游泳服务的场馆中可以明显观察出(见表3-1)，承接的游泳场馆没有太大的变化。这是因为政府在选择公共服务承接者的时候，会优先考虑曾经与政府合作过的游泳场馆，某种程度上，这些与政府合作过的场馆与政府的关系也就可以定性为依赖关系。这些组织先前有与政府合作的经验，政府已对其产生了信任，在没有其他更好的选择之前，承接免费游泳服务的场馆名单就不会有很大的变化。

表3-1　武汉市2021—2022年政府购买暑期免费游泳场馆情况汇总

属地	2021年开放场馆	2022年开放场馆
市直属	武汉市全民健身中心游泳馆	武汉市全民健身中心游泳馆
江岸区	七一恒温游泳馆	七一恒温游泳馆、江滩一期游泳池
江汉区	金色雅园游泳馆	金色雅园游泳馆
硚口区	江汉湾全民健身中心游泳池	江汉湾全民健身中心游泳池

续表

属地	2021年开放场馆	2022年开放场馆
汉阳区	月湖天然游泳池、月湖儿童游泳池	月湖天然游泳池、月湖儿童游泳池
武昌区	松涛苑游泳池、东田运动百瑞景健身游泳中心、南湖中央花园游泳池、复地悦城游泳池	松涛苑游泳池、武昌区南湖风华天城游泳池、东田运动百瑞景健身游泳中心、都市经典游泳池
洪山区	大华南湖公园世家二期游泳池、保利花园游泳池、保利公园九里游泳池、保利心语游泳池	大华南湖公园世家二期游泳池、保利花园游泳池、保利公园九里游泳池、保利心语游泳池
青山区	青山区阳光游泳馆、青山江滩建五路游泳池	青山和平公园游泳池、116游泳池
东西湖区	武汉五环体育中心游泳馆、花城阳光会所游泳池、永丽游泳健身	武汉五环体育中心游泳馆、金银湖市民文体活动中心游泳馆
江夏区	保利海上五月花游泳池、壹动云体育	清江泓景游泳池、保利海上五月花游泳池、壹动云体育、保利西海岸南区游泳池
蔡甸区	莲花苑游泳馆、常福商务广场游泳池	莲花苑游泳馆、常福商务广场游泳池
新洲区	新豪汇游泳馆、蓝城游泳馆	新豪汇游泳馆、蓝城游泳馆、保利圆梦城游泳池、白鹿奥体游泳馆
黄陂区	鑫动力游泳馆、二龙潭公园游泳池、恒大龙城游泳健身会所游泳馆	鑫动力游泳馆、二龙潭公园游泳池、壹动游泳健身会所
经开区	纱帽广场游泳池、圣特立国际花园游泳池、万科金域蓝湾游泳池、神龙游泳池、武汉体育中心游泳馆	纱帽广场游泳池、圣特立国际花园游泳池、万科金域蓝湾游泳池、神龙游泳池、武汉体育中心游泳馆
东湖高新区	武汉华侨城运动生活中心游泳馆、佛奥俊贤雅居游泳池、当代国际花园游泳池、万科城市花园游泳池	当代国际花园游泳池、保利十二橡树庄园游泳池、佛奥俊贤雅居游泳池

为响应国家政策号召，自2009年起至今，武汉市政府在暑假期间，为本市的青少年购买免费游泳服务。目的是使青少年拥有更加丰富的体育文化生活，培养青少年的运动习惯，提升他们的身体素质。其间，政府购买服务的规模不断扩大，具体表现为购买的场馆数量和开放天数的增加（如图3-3）。2010年政府购买服务的场馆数为15家，到2011年就增加到了35家；开放天数也从最初的10天增加到20天。历经数十年的实践与发展，此项活动深受武汉青少年的喜爱，并获得了社会各界的广泛认可。

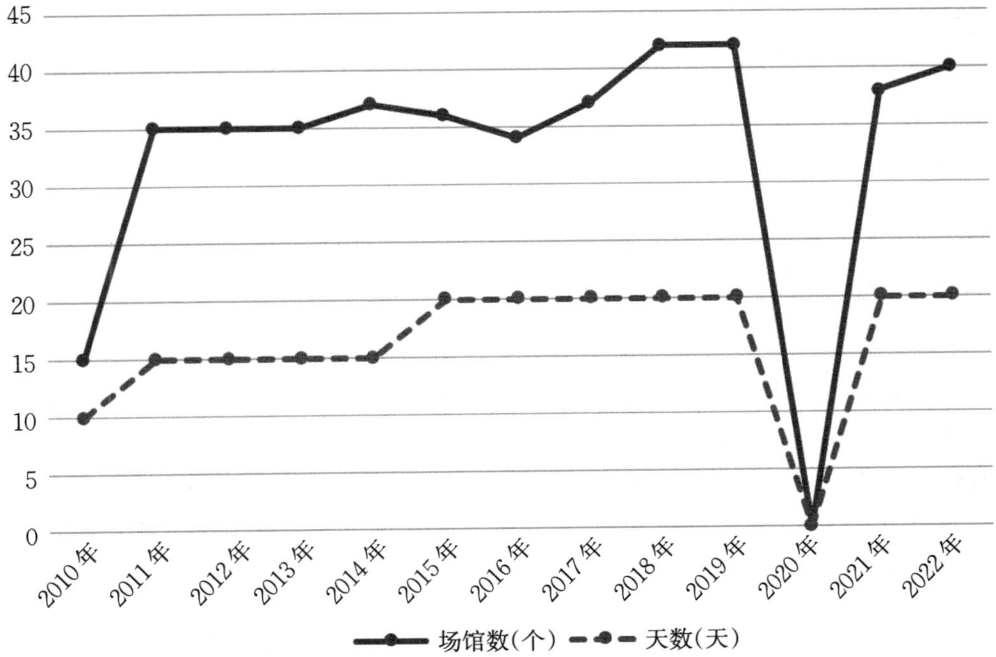

图3-3　武汉市2010—2022年政府购买暑期免费游泳服务情况

注:2020年武汉市政府因故未实施政府购买暑期免费游泳服务,所以当年数据为零。

武汉市全民健身中心及其游泳场馆是政府投资建设的公益项目,属于市直属单位。武汉市全民健身中心的建立是为了更好体现政府投资的公益性,充分满足市民健身需求。在全国第六届城市运动会结束以后,中心对部分体育项目场地进行了改造,将中心功能定位为集体育赛事、文化活动、商务休闲、饮食购物、教育培训于一体,采取多元化经营模式,实现一站式消费,以满足各界人士的体育休闲消费需求,成为广大市民健身、休闲及娱乐的首选去处。

从2022年武汉市政府为市政府所在江岸区青少年购买全民健身中心的游泳和运动技能培训项目的具体情况来看,其依赖关系非竞争性工作模式的具体运行表现见表3-2。

表3-2　武汉市全民健身中心游泳馆具体运行表现分析

要素名	要素具体内容
购买主体	武汉市体育局
承接主体	武汉市全民健身中心游泳馆
消费主体	本市青少年群体
是否具有竞争性	非竞争性

续表

要素名	要素具体内容
主体间关系	依赖关系
购买的内容	免费游泳和运动技能培训服务
监督方	政府(显性);青少年、家长和社会(隐性)
评估方	社会组织自我评估;第三方机构
资金来源	年度财政预算

(一) 购买主体

此案例中的购买主体是武汉市体育局。在实地调研中笔者了解到,参与实际运作的是武汉市体育局青少处。青少年公共体育服务对准的人群是青少年,所以在购买服务的过程中,青少处承担着具体实施管理的工作职责,代表政府主体向社会组织购买服务。

(二) 承接主体

承接主体为武汉市全民健身中心所属的游泳场馆,该场馆水域面积1200平方米,限定接待人数350人。武汉市全民健身中心是由政府出资建设的,政府对该中心持有行政管理权,因此该中心也就不具备独立性,它与武汉市政府之间是上下级的关系,即依赖关系。因此可以说,在本案例中依赖关系是工作模式的具体运行表现要素之一。

(三) 消费主体

消费主体为场馆覆盖区域内的青少年群体,从行政区划上看,主要是江岸区的青少年。但因为购买的规模有限,适龄群体人口基数大,为了保证能够惠及更多的青少年,场馆规定身体患有特殊疾病和在一定年龄段之外的青少年不得参与消费。

(四) 购买的性质

体育局直接指定武汉市全民健身中心游泳馆为免费游泳和游泳技能服务供给者。由于武汉市全民健身中心游泳馆是政府为满足市民的体育需求而建立的,属于市直属单位,当然就不存在独立性。从某种意义上来讲,武汉市体育局是武汉市全民健身中心直属管辖单位,因此整个购买程序体现了依赖关系非竞争性工作模式。

(五) 购买的具体内容

购买的具体内容有免费游泳和运动技能培训服务,和与之相关的保险额度不低于人民币50万元的公共责任险。武汉市全民健身中心游泳馆于2009年开始承接武汉市政府购买免费游泳服务，2018年开始合并承接免费游泳和游泳运动技能培训服务。

（六）资金来源

购买相关服务的资金来源于纳入年度财政预算的彩票公益金。其他购买内容和相关补贴由江岸区财政独自承担。

（七）监督与评估

监督工作由市、区两级相关行政部门共同开展，主要有两项内容，一是事前对该游泳场馆进行实地调查，检查其卫生、安全等是否达标；二是在活动开展中，相关负责人通过现场巡查和投诉处置，对游泳场馆的工作实施监督。此外，还派有专门人员对活动实施全程监督。评估评价分两个阶段进行：第一阶段是在活动开展期间，委托第三方机构以暗访和调查问卷的形式，对该游泳馆的硬件环境和服务质量进行评估；第二阶段是在活动结束后，由受委托会计事务所对活动实施绩效结果进行评估。除此之外，游泳场馆还需在供给公共服务结束后一周内提交工作总结（包括照片、视频等）给市体育局青少处。

第二节　独立关系非竞争性工作模式的例证分析

一、独立关系非竞争性工作模式的理论阐述

2011年12月，《民政事业发展第十二个五年规划》明确提出要积极支持社会组织发展，并且明确要求将部分政府职能转交至具有相关专业能力的社会组织。在2012年，财政部在《2012政府采购工作要点》中指出财政部将进一步研究并制定规范服务购买的指导意见，并逐步扩宽公共服务的采购范围。随着政府将大量财政资金投入到公共体育服务中，公共体育服务得到迅速发展。与此同时，公众对此类服务的需求不断增加，具有官方供给性质的公共体育服务难以满足普遍需要，这就使得政府不得不将目光转移到具有相关专业能力的社会组织身上。政府为了弥补自身生产供给的不足，将生产公共服务的职能委托给这些社会组织，以满足公众对公共服务的需求，从而形成了一种独立关系非竞争性工作模式。

独立关系非竞争性工作模式（如图3-4）通常采用委托性质的购买方式。在这种工作模式中，政府与承接方之间存在一种相对独立的关系，承接方通常为私营性质的社会组织，具有自主性，不依赖政府资金来维持运营。在确定供给方的过程中

采用的是非竞争性的方式，服务合同由政府直接委托给承接方，不面向社会公开投标。也就是说，在独立关系非竞争性购买模式下，政府与承接方之间是独立的，不存在依附性关系。但是，在服务承接方的选择程序上，这种工作模式不是采用公开招标的方式，而是采用非竞争性的方式将服务直接委托给比较信任的单位。该模式的特点是：(1)公共服务承接者具有较强的独立性，双方权责明晰，购买公共服务过程中政府只充当购买者和监督者的角色；(2)政府在购买公共服务过程中采用非公开竞争的协商方式，由政府将订单合同直接委托给承接方①；(3)承接方通常具有相对健全的内部治理结构、财务制度，能够提供相对优质低价的服务。因此，该工作模式在购买过程中没有遵循公开竞争的原则，政府虽没有直接设立一个组织提供服务，但也没有从多家社会组织中进行筛选，而是直接指定一个社会组织承接服务。在这种工作模式下，政府通常会选择那些具有专业技能、高效运营模式和良好声誉的社会组织来承担这项工作。由于承接方与政府是相互独立的个体，因此，在供给过程中，政府与承接者之间在权利义务关系上存在一定程度的明确性。

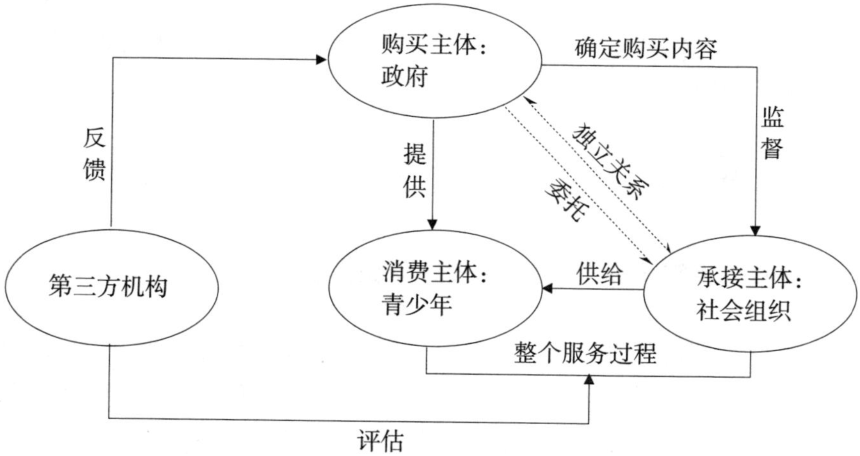

图 3-4 独立关系非竞争性工作模式具体运行过程图

二、独立关系非竞争性工作模式的运行分析——以武汉市W俱乐部为例

武汉市政府一直重视青少年体育活动的开展，针对武汉市青少年体育需求的实际需求，从2009年暑假开始，武汉市每年都通过政府向游泳场馆购买服务的方式，向青少年提供免费游泳活动服务。并从2018年开始，还增加购买了青少年体

① 黄瑞贤．政府购买社工服务的实践探索[D]．吉林大学，2013.

育技能培训服务。在武汉市政府购买青少年公共体育服务的具体运行过程中，独立关系非竞争性工作模式主要被运用在购买运动技能培训项目中。

为迎接2022年北京冬奥会，国家开始大力推广和普及冰雪运动。武汉市于2019年开始举办青少年体育冬令营，活动由市体育局和教育局共同举办，在全市范围内为青少年提供体育技能免费培训（足球2000人、冰上滑行1000人）。目的是想让更多的青少年参与到体育运动中来，让更多小学生掌握1至2项终身受益的运动技能。武汉市青少年体育冬令营至2022年底已经连续举办三年，如同体育夏令营一样，体育冬令营的培训项目、人数、时间也在不断增加（见表3-3）。

表3-3　武汉市青少年体育冬令营开展情况

时间	项目	人数	天数
2019年	足球、冰上滑行	3000人	6日
2020年	滑冰、冰球、马术、滑雪	2120人	6日
2021年	无		
2022年	冰上滑行、滑雪	2640人	8日

W俱乐部是武汉市洪山区的一家室内真冰滑冰场。2017年9月正式对外开放，占地面积3084平方米，冰面面积达到1000平方米，配套设施完善。该俱乐部于2019年正式加入武汉市冰雪运动协会，是历年武汉市中小学生夏令营、冬令营活动指定冰雪运动技能培训基地。在承接政府服务之外，也承办冰雪类运动的相关比赛。

从2022年武汉市政府购买该俱乐部的青少年冰雪运动技能培训服务的具体情况来看，其独立关系非竞争性工作模式的具体运行表现如下（见表3-4）。

表3-4　W俱乐部具体运行情况分析

要素名	要素具体内容
购买主体	武汉市体育局
承接主体	W俱乐部
消费主体	本市青少年群体
是否具有竞争性	非竞争性
主体间关系	独立关系
购买的内容	运动技能培训服务
监督方	政府（显性）；青少年、家长和社会（隐性）
评估方	社会组织自我评估；第三方机构
资金来源	年度财政预算

（一）购买主体

在本案例中，购买主体是武汉市体育局，参与购买实际运作的是武汉市洪山区文化和旅游局，区文化和旅游局在购买服务项目运行中具体实施管理工作职责，代表政府主体向体育社会组织购买青少年公共体育服务。

（二）承接主体

在政府向W俱乐部进行委托性购买的过程中，该俱乐部作为政府购买服务项目的承接主体，具有独立的社会组织角色身份，它与武汉市政府之间是一种相对独立的关系，可见承接主体的独立关系也是工作模式的具体运行表现要素之一。

（三）消费主体

本案例中，消费主体为武汉市区域内的所有青少年。但因为武汉市内的冰雪运动场地较少，无法满足全体青少年的体育需求，承接主体数量的缺乏导致消费主体得到的服务数量供给不足，所以对报名参加的青少年消费主体还进行了年龄限制。

（四）购买的程序

W俱乐部是在武汉市举办冬令营之前成立的民营冰雪运动俱乐部，与政府是相互独立的关系。由于冬令营活动首先由区体育局确定所在辖区青少年群体需要购买哪些服务，再上报至市体育局，由市体育局安排财政预算。所以区体育局指定该俱乐部为青少年公共体育服务的生产者，在购买程序上不存在双向选择。在这个购买的程序中，区体育局是主导者，俱乐部配合区体育局提供青少年公共体育服务。其购买程序如图3-5所示。

图3-5　武汉市政府购买W俱乐部服务流程图

（五）购买的具体内容

政府向W俱乐部购买的主要服务内容为青少年冰上滑雪运动技能培训。该俱乐部需要提供场地、器械和每人不低于30万元的保险。在具体实施的服务供给过程中，主要是由W俱乐部的教练员教授青少年体育冬令营学员8课时的冰上滑行运动技能（具体授课内容见表3-5）。

表 3-5　购买冰上滑雪运动技能具体内容

课时	内容
第一课时	滑冰正确的下跌与站立办法、基础双脚向前滑行
第二课时	复习基础双脚向前滑行，并学习基础蹬冰滑行
第三课时	复习前葫芦式滑行和蹬距滑行
第四课时	复习蹲踞滑行，并学习后葫芦式滑行
第五课时	复习后葫芦式滑行，并学习内刃停止准备动作
第六课时	复习双脚或单脚内刃停止和向前单脚滑行
第七课时	复习后葫芦式滑行和向前单脚滑行
第八课时	复习及测试总结

（六）资金来源

武汉市政府购买青少年公共体育服务的资金来源为纳入年度财政预算的彩票公益金，由市体育局划款给区体育局，区体育局按照每人500元的标准，在购买服务项目实施结束后一次性支付给W俱乐部。

（七）监督与评估

武汉市政府与W俱乐部是以签订合同的形式确认购买服务合作关系的。在合同中对甲方（政府）和乙方（W俱乐部）做了详细的权责分工。其中重要的一条为乙方有义务接受第三方机构对项目实施过程和成效的评估，第三方机构会在服务项目开展中对青少年和家长随机进行实地访谈，并在活动结束后，再次对青少年和家长进行问卷调查。同时代表政府角色的区体育局也承担着随机检查的职责，需要履行其监督管理义务。在活动开展结束后，乙方需提交工作汇报，汇报内容包括提供服务的具体流程、实施过程和自我评价等。

第三节　独立关系竞争性工作模式的例证分析

一、独立关系竞争性工作模式的理论阐述

2013年国务院发布《关于政府向社会力量购买服务的指导意见》，同年11月发布的《中共中央关于全面深化改革若干重大问题的决定》将政府购买公共服务推向了国家战略层面。政府购买公共服务经过多年的实践与发展，正逐步迈向制度化规范化。在此期间，社会组织也得到了良好的发展。为了给大众提供更高质量的公共服务，政府从这些可以提供公共服务的社会组织中优中选优形成公共服务的

生产者，独立关系竞争性工作模式应运而生，并得到了学术界的充分认可。

独立关系竞争性工作模式（如图3-6）采用契约化购买的形式。政府与承接者之间，从某种意义上来讲不存在任何关系，承接者是一个独立的个体，与政府不存在上下级关系，而且这种社会组织不依赖政府来维持运营。政府在确定承接者的过程中采用公开竞争的方式进行选择。

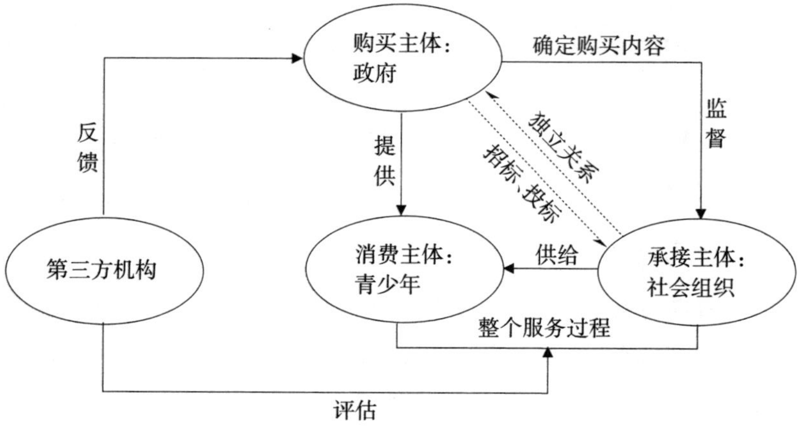

图3-6　独立关系竞争性工作模式具体运行过程图

独立关系竞争性工作模式的基本特征主要表现为以下几个方面。

（1）购买者和生产者相互独立，不存在任何依赖关系。购买者向具备条件的社会组织发布信息，采用公开竞争的程序，各类社会组织自愿参与。购买者通过公开招标等方式来选择有资质的社会组织为公众提供廉价优质的公共服务。

（2）购买和生产双方按照购买合同来承担各自责任和义务。

（3）生产公共服务的社会组织一般具有专业性的人才、独特的管理方式和实践经验等，它们能利用自身的优势来为公民提供优质的公共服务。

（4）这些社会组织除了依照购买合同提供规定的公共服务之外，还可以为其他组织、个人提供其所需的公益服务，以此来扩大本组织的规模和影响。

二、独立关系竞争性工作模式的运行分析——以B公司为例

独立关系竞争性工作模式主要存在于武汉市政府购买运动技能培训服务的类别中。在购买免费游泳场馆服务的类别中，采用独立关系竞争性工作模式的项目极少。在政府购买冰雪运动技能培训服务的类别中，独立关系竞争性工作模式则完全不存在。这是因为武汉市范围内独立于政府之外且有资格承担冰雪运动技能培训服务的社会组织寥寥无几，政府只能选择其他工作模式。因此，从武汉市购买

青少年公共体育服务总体态势来讲,独立关系竞争性工作模式所占的比例并不高。

武汉市采用这种工作模式的初衷主要有两方面。一方面,通过政府向社会组织购买公共服务,社会组织能够获得一定的资金,从而不断完善自身建设,最大限度提高其供给的能力和水平,充分施展其专业性强和成本低的优势,从而提高服务供给的质量和效益。另一方面,采取公正、公平的原则,以充分的竞争机制,来确定哪些社会组织能够提供公共服务,进而推动社会组织的优胜劣汰,激励其不断地改进和创新,促进其健康发展的良性循环。最终,促进武汉市政府购买青少年公共服务形成良好的市场机制,实现政府职能的转型。

为进一步落实"健康中国"的指导方针,让武汉市的青少年掌握1至2项体育运动技能,培养参与体育运动的爱好,养成体育运动的习惯,武汉市政府自2018年起为全市青少年购买运动技能培训服务。随着时间推移,青少年可选择的运动技能项目愈加丰富,可参加培训的人数也越来越多(见表3-6)。2018年可供选择的项目数为5个,到2022年可供选择的项目数增加到了19个,培训规模也从刚开始的1万人,增加到2万多人,培训人数翻了2倍不止(如图3-7)。

表3-6　武汉市政府购买青少年运动技能培训项目情况(2018—2022年)

年份(年)	培训项目	项目数(个)	人数(人)
2018	足球、网球、羽毛球、游泳、篮球	5	10000
2019	足球、篮球、游泳、网球、武术、羽毛球、滑冰、马术	8	14000
2020	足球、篮球、羽毛球、武术、网球、滑冰/滑雪、马术	8	5760
2021	滑冰/滑雪、武术、足球、网球、马术、羽毛球、游泳、篮球、射箭、其他水上运动、乒乓球、击剑、摔跤、跆拳道、体操	16	15780
2022	足球、网球、羽毛球、游泳、篮球、武术、冰壶、其他冰雪运动、其他水上运动、射箭、马术、乒乓球、击剑、轮滑、跆拳道、摔跤、射击、体操、滑板	19	22166

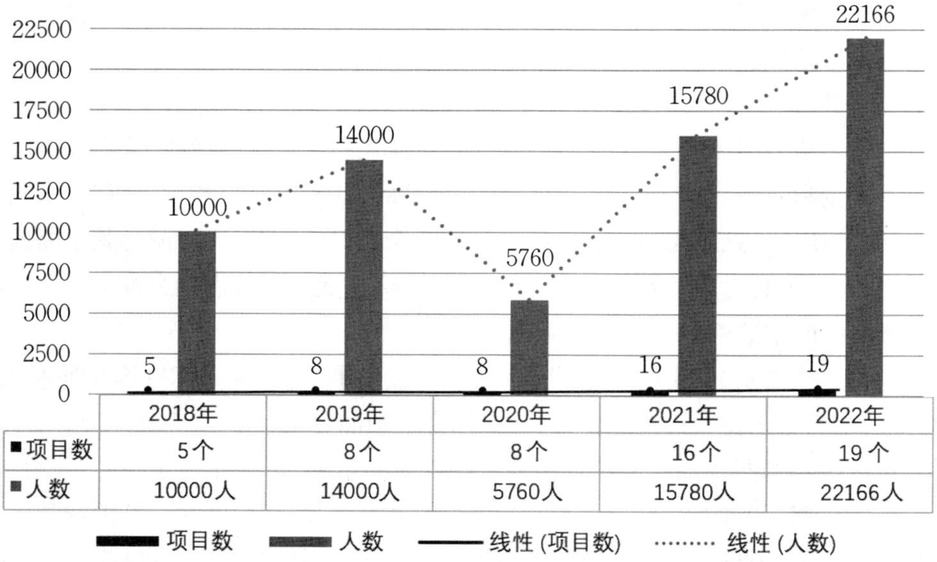

图3-7　武汉市政府购买青少年运动技能培训情况

以2020年政府购买B公司的武术运动技能培训为例。B公司成立于2015年，致力于打造以“功夫”为核心的幼儿传统文化趣味课程，经过几年的发展，现已形成一支集文化传承、体育赛事和艺术传媒为一体，专业从事儿童武术技能培训的综合性服务团队。B公司结合自身的专业优势，与幼儿园、中小学合作，共同开设特色武术课程。该公司从2020年开始为武汉市青少年提供武术运动技能培训服务。其独立关系竞争性工作模式主要表现在以下几个方面（见表3-7）。

表3-7　B公司具体运行情况分析

要素名	要素具体内容
购买主体	武汉市体育局
承接主体	B公司
消费主体	本市青少年群体
是否具有竞争性	竞争性
主体间关系	独立关系
购买的内容	运动技能培训服务
监督方	政府（显性）；青少年、家长和社会（隐性）
评估方	社会组织自我评估；第三方机构
资金来源	年度财政预算

（一）购买主体

在本案例中，购买主体是武汉市体育局，参与购买实际运作的是武汉市江岸区文化体育和旅游局，区文体局在购买服务项目运行中承担具体实施管理工作职责，代表政府主体向体育社会组织购买青少年公共体育服务。

（二）承接主体

在政府向B公司进行契约化购买的过程中，该公司是承接主体，是具有独立性的社会组织角色，它与武汉市政府之间是一种相对独立的关系。由此可以看出，承接主体的独立关系也是工作模式的具体运行表现要素之一。

（三）消费主体

在本案例中，消费主体为场地覆盖范围内的青少年。因购买服务的规模有限，故该培训对报名参加活动的青少年进行了年龄限制。

（四）购买的程序

在具体的调研实践中，笔者了解到武汉市政府采用招标、投标的形式与B公司建立合作。由区文体局主持召开公开竞标活动，相关体育社会组织进行投标，通过第一轮的筛选，剩下3到5个竞标的体育社会组织。随后，区文体局会协调进入第二轮竞标的体育社会组织进行现场宣讲，主要内容为该体育社会组织的软硬件设施以及前期开展的实践（与政府是否进行过合作）等。随后，文体局及相关专家对参与竞标的社会组织进行询价。通过层层筛选，由区文体局公布中标的社会组织名单。最后，双方通过签订合同的形式开展合作。在这个购买的过程中，突出体现了购买程序的竞争性（如图3-8）。

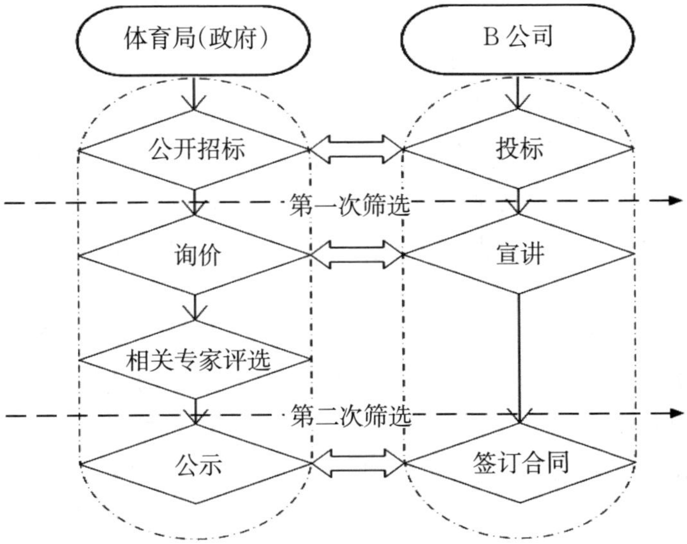

图3-8 政府购买B公司运动技能培训程序

（五）购买的内容

武汉市政府购买B公司服务的主要内容为武术运动技能培训，还包括该公司自行开发的功夫课程、教练员团队的服务，以及每名青少年不少于30万元的运动保险。为保证学员的安全，本次的购买过程中由政府提供场地，地点在江岸区某小学。

（六）资金来源

购买B公司服务的资金来源于纳入年度财政预算的彩票公益金。政府按照每人300元的标准，在活动结束后一次性支付给该公司。

（七）监督与评估

政府在购买B公司武术运动技能培训的过程中，主要采用了过程性监督和结项展示评估的监督管理方式。具体表现为，在供给青少年公共体育服务期间，由区文体局或市体育局相关负责人对活动的开展情况进行随机巡视。在活动即将结束前，体育局派相关武术专家对培训效果和教练员的教学能力进行严格考评。

第四节　政府购买青少年公共体育服务工作模式在中国模式发展中的适配性

一、政府购买青少年公共体育服务工作模式的指标框架分析

分析和衡量政府购买青少年公共体育服务的工作模式需要借助适宜的指标框架。政府购买公共服务是政府职能转变的必然要求，转变的核心是在政府为公众提供公共服务时，通过政府购买，引入市场的竞争机制，以此来降低政府提供公共服务的成本和提高公共服务供给的质量。因此，国外的学者更注重分析政府购买公共服务的竞争性。新公共管理理论认为政府引入市场竞争机制就必须有非政府性质的社会组织参与到公共服务的供给中。在我国传统的公共服务模式中，政府既是公共服务的提供者，也是其生产者。由此衍生的政府性质的社会组织承担起了公共服务生产者的角色。新公共管理理论认为有非政府性质的社会组织参与到购买服务的过程中去，才算引入了真正意义上的市场竞争机制。[①]因此，我国学者在分析政府购买公共服务竞争性的基础上，增加了对政府与社会组织之间关系的

---

① 杨宝，王兵．政府购买公共服务模式的中外比较及启示[J]．甘肃理论学刊，2011(01)：141－145.

讨论,即政府与社会组织之间是独立还是依附的关系。通过辨别政府与社会组织的关系来确定在购买过程中是否引入了真正意义上的市场竞争机制。政府购买公共服务是一个复杂的系统工程,仅以是否具有竞争性和主体间的关系来分析政府购买公共服务的工作模式,则显得过于单薄,不具有说服力。实现政府购买公共服务持续有效地运行,需要一个顶层的制度设计,来对政府购买公共服务的行为进行规范和制约,这样才能确保政府购买公共服务具有竞争性和主体间关系恰当。因此,本书将制度化、竞争性、主体间关系作为政府购买青少年公共体育服务工作模式的分析指标框架(如图3-9)。

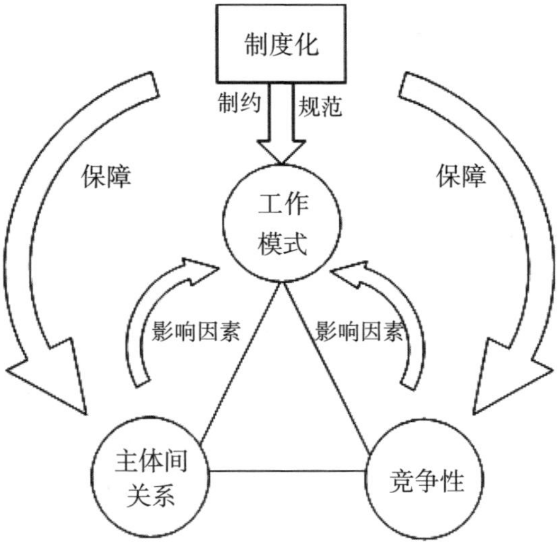

图3-9　政府购买青少年公共体育服务工作模式的分析指标框架图

二、政府购买青少年公共体育服务工作模式的制度化分析

“制度化”意味着政府向社会组织购买公共服务有章可循。即在政府购买公共服务的过程中有相关的政策法规来约束,以判断政府购买的明晰化、购买的程序化以及资源供给的充足化。[①]“竞争性”和“主体间关系”对政府购买公共体育服务具有重要的影响,但“制度化”则可以确保政府购买公共服务的有序运行。

武汉市政府购买青少年公共体育服务存在三种工作模式。在国家和地方颁布的相关政策法规一致的情况下,独立关系竞争性购买工作模式所表达的是政府与社会组织之间独立的关系,而在购买的过程中是竞争性的,这就需要有强力的政策

① 杨宝.政府购买公共服务模式的比较及解释——一项制度转型研究[J].中国行政管理,2011(03):41—45.

法规规范，即制度化程度要高。但是从大环境上来讲，我国对于政府购买公共服务相关法律法规的建设还不够完善，继而导致政府购买公共服务的相关标准不够明确。虽然国家针对政府购买公共服务制定了一系列政策法规，但都指向宏观方向。地方上进行相关规章条例的制定时，其内容大多摘录于国家制定的宏观层次的政策法规，没有很好地体现政策法规的因地制宜性、时效性。

例如，在2015年武汉市财政局关于修订《2015年武汉市政府购买服务指导目录（试行）》征求意见的通知的附件2“指导目录”中“基本公共服务”目录下的“公共体育”部分归纳提炼了六类三级目录（见表3-8）。在2015年购买服务的三级目录中，武汉市政府购买青少年公共体育服务（冬、夏令营）属于六类中的哪一类，从该指导目录中不得而知。在2021年武汉市财政局关于公布《武汉市市级通用政府购买服务指导性目录（试行）》（2021年版）的通知中“基本公共服务”目录下的“体育”部分标明了七类三级目录（见表3-9）。对比分析2015年和2021年购买服务的三级目录，在2021年三级目录中明确注明“中小学生暑假免费游泳服务”属于武汉市政府购买青少年公共体育服务（冬、夏令营）的一种，但并没有提及本书所讨论的运动技能培训服务。由此可见，2021年购买服务目录虽然在2015年基础上进行了细化和完善，但并没有清楚、准确地列出相关购买服务的目录。而武汉市政府从2009年起开始购买的“中小学生暑假免费游泳服务”，直至2021年才正式出现在武汉市政府购买服务的指导目录中。综上所述，武汉市政府购买青少年公共体育服务的三种工作模式在制度化方面仍处于不断完善的阶段。但就目前武汉市政府购买青少年公共体育服务的三种工作模式而言，独立关系竞争性工作模式某种程度上为武汉市政府购买青少年公共体育服务相关政策法规的制定指明了方向。

表3-8 《2015年武汉市政府购买服务指导目录》（部分）

一级目录	二级目录	三级目录
基本公共服务	公共体育	公共体育咨询收集与统计分析
		公共体育运动竞赛组织与实施
		群众性体育活动的组织与实施
		体育职业技能再培训
		国民体质检测及指导
		公共体育基础设施的管理与维护

表3-9 《2021年武汉市市级通用政府购买服务指导性目录》（部分）

一级目录	二级目录	三级目录
基本公共服务	体育	公共体育服务
		农民体育健身服务

续表

一级目录	二级目录	三级目录
		校园体育发展服务
		全民健身公共服务
		公益性群众健身服务
		中小学生暑假免费游泳服务
		校园足球安全保障

三、政府购买青少年公共体育服务工作模式的竞争性分析

“竞争性”是用来衡量市场化程度的一项重要指标，有竞争性和非竞争性两个属性。具体到政府购买公共服务，是指在购买的过程中是否具有公开招标投标的过程。

在武汉市政府购买青少年公共体育服务现有的三种工作模式中，除独立关系竞争性工作模式之外，另外两种工作模式均为非竞争性（竞争性强弱具体对比分析见表3-10）。当然，不是说当竞争性程度达到最大化时，市场竞争性的优势才能发挥出来，竞争性程度要与市场化的进程和社会经济发展相适应。当竞争性达到最大化的程度时，会形成垄断，从而使供给来源变得单一，继而产生一系列连锁反应。比如，供给公共服务的质量和效率降低、政府购买公共服务的费用增加、阻滞社会组织发展等。本书的案例中，W俱乐部没有通过与多个社会组织竞争就得到了青少年公共体育服务的供给权。而依赖关系非竞争性工作模式下的全民健身游泳馆也没有通过竞争就获得了青少年公共体育服务的供给权。不同点在于全民健身中心游泳馆是市直属单位，而W俱乐部则是民办民营的。在B公司案例中，在招标、竞标的过程中有一个非常关键的步骤——询价，采用了竞争性购买的程序。这是因为一方面政府想通过竞争来筛选出优质的公共服务的生产者；另一方面则是通过竞争可以降低政府提供公共服务的费用，节省财政开支。这样利用竞争性的购买程序，不仅使得政府购买的公共服务质量得到保证，还节省一部分的财政开支，并且回应了青少年的公共体育服务需求。

表3-10　三种工作模式竞争性对比分析

工作模式	竞争性
依赖关系非竞争性	弱
独立关系非竞争性	弱
独立关系竞争性	强

四、政府购买青少年公共体育服务工作模式的主体间关系分析

“主体间关系”指政府与社会组织之间存在的独立关系或依赖关系。如果社会

组织是公有制机制的衍生物，且依赖于政府的财政支持，即存在依赖关系。相反，独立于政府之外的社会组织，即非政府性质的社会组织与政府的关系是独立关系。

在三种工作模式中，购买主体间的关系是影响政府购买决策的重要因素，当然也是区分工作模式的重要因素(三种模式的主体间关系详见表3-11)。在依赖关系非竞争性工作模式中，购买者是政府，承接者是依附于政府的社会组织。从某种角度来讲，这些社会组织没有生产青少年公共体育服务的自主权，其组织的生存完全依赖于政府的财政拨款。而在独立关系竞争性工作模式和独立关系非竞争性工作模式中，购买者是政府，承接者是独立于政府的民营社会组织，它们不依赖于政府而存在，提供和生产青少年公共体育服务只是它们盈利来源的一部分。从另一方面讲，体制外的社会组织相较于体制内的社会组织综合能力较为突出。体制内社会组织由政府支持引导，公共体育服务供给相对稳定，且体制内社会组织在协助政府供给公共服务的过程中更具公益性、专业性与志愿性。体制内的社会组织无论供给的公共服务质量如何，政府都会给予相应的资金来维持该组织的运转，从而造成倦怠供给。而体制外的社会组织为了能够参与到公共服务的生产中去，在公共服务供给的质量上绝大部分要优于体制内的社会组织。这些体制外的社会组织需更加积极和主动地去生产公共服务，从而得到政府和大众的认可，形成自身的品牌效应，以争取利益的最大化。

表3-11 三种工作模式主体间关系

工作模式	主体间关系
依赖关系非竞争性	依赖关系
独立关系非竞争性	独立关系
独立关系竞争性	独立关系

综上所述，武汉市政府购买青少年公共体育服务的三种工作模式，独立关系竞争性工作模式需要的制度化程度最高，且具备独立性和竞争性，是武汉市政府购买青少年公共体育服务工作模式的最优选择(见表3-12)。

表3-12 三种工作模式对比分析

工作模式	制度化	竞争性	主体间关系
依赖关系非竞争性	弱	弱	依赖关系
独立关系非竞争性	一般	弱	独立关系
独立关系竞争性	强	强	独立关系

第四章　政府购买青少年公共体育服务典型案例运行的成效分析

政府购买公共体育服务的成效可以从多个不同的角度展开分析，其中主要围绕政府职能的转变、社会组织提供服务的质量、政府购买公共体育服务带来的经济效益和社会效益以及受益群众的满意度等方面。通过对我国不同地区政府购买公共体育服务的案例分析发现，针对不同地区、不同受众人群、不同体育项目的成效，不能简单进行横向比较并类推。评估政府购买公共体育服务的成效，要根据具体项目进行具体分析。

本书以武汉市为例，研究武汉市政府购买青少年公共体育服务的现状、受众青少年满意度和购买服务取得的成效，以全面了解检验典型案例运作多年来的服务成效，探讨政府购买服务项目对服务供给方（政府）、服务对象（青少年）以及服务供给相关合作主体所产生的效益和影响，完成"当代中国"具体语境中典型案例运行的青少年公共体育服务项目成效评估。

具体将通过以下三个方面来评估成效，分别是武汉市政府购买青少年公共体育服务体系建设、具体实施过程的社会成效和服务受众群体满意程度。基于成效分析的结果，力图为武汉市乃至全国提出优化政府购买青少年公共体育服务的供给水平和效率的方案，提出提升受众青少年满意度的建议。

第一节　政府购买青少年公共体育服务的主体结构

学界观点普遍认为，当前我国政府购买公共服务的模式中存在公共服务的购买者、生产者、消费者、评估者等多元主体。由传统的政府直接提供公共服务到社会主义市场经济和社会治理体制下政府向社会力量购买公共服务的过程中，在主体结构层面发生的直接变化，就是公共服务供给过程由"二元主体"分化为"四元主体"，并且使得主体角色也进行了相应的重新配置。同时也有研究表明，政府供给公共服务主体结构的变化，使得社会力量得以进入公共服务的供给系统，不仅为政府向社会力量购买公共服务创造了结构性空间，而且为社会力量的健康发展以及政府和社会组织关系的协调提供了改革创新通道。

一、青少年公共体育服务的购买者:政府

政府作为购买者,在向社会力量购买公共服务的过程中主要承担三重职责:管理职责、对公共服务受益人即消费者的职责、对公共服务生产者的职责。这些职责决定了政府在购买公共服务过程中的基本角色。

(一)管理职责

政府在向社会力量购买公共服务过程中承担的管理职责,主要包括制定和维护相关法律法规、促进有序竞争与实现公共政策目标等。政府负有制定规则的责任。其中,主要是制定规范购买过程的法律法规,以明确谁来买、买什么和怎么买,使得购买服务有法可依、有章可循。具体而言,需要通过法律法规明确购买服务的指导思想、基本原则、目标任务和总体要求;通过法律法规和规范来预算编审,加强政府购买公共服务的资金管理;以法律法规划定合理的购买范围,确定购买服务项目清单和优先顺序;按照不同的购买方式制定购买程序,保证制度实施的有效性;在制定相关法规的基础上,政府更加重要的角色是督促这些法规得到贯彻实施,维护这些法规使其不致遭到扭曲和破坏。与传统的政府直接提供公共服务相比,政府向社会力量购买公共服务机制将市场竞争引入公共服务供给领域,由此提高了公共服务的供给效率,以更小的成本获得更好的公共服务。经验研究证实,“物美价廉的公共服务依赖于合同竞争的存在,当没有竞争时,私人组织会低效且浪费”[①]。因此,促进竞争、提高效率逐步成为政府的重要职责之一。需要强调的是,在政府向社会力量购买公共服务的过程中,政府促进和保障的是正当、合法和有序的竞争,而必须强力防止和打击不正当的非法无序竞争。政府从生产者那里购买的公共服务并不是为了自己享用,而是服务于社会公众,公众才是最终的消费者。购买服务中购买者与生产者之间的购买关系并不能改变公众与政府之间的公共服务买卖性质,购买的实质是政府拿着纳税人购买公共服务的钱,替纳税人选择更好的公共服务产品,因此政府仍需承担公平、公正给付等传统责任。由此实现基本生活公共服务的有效供给,实现政府公共政策的公平正义目标。

(二)对消费者的职责

政府对于消费者的职责,集中体现在为纳税人提供低成本高质量的公共服务。换言之,提供什么公共服务及如何提供由购买者决定,这是政府的权力。但是,最

---

① John D.Donahue. The privatization decision: Public ends, private means[M].New York: Basic Books,1989.

终责任也就由此产生,并且必然与权力相对称。在向社会力量购买公共服务的视域下,政府的"履行责任"实际上转变为"担保责任"。政府以担保人的地位,担保购买的公共服务可以实现公众追求的目标。

政府向社会力量购买青少年公共体育服务,就是政府将其所需提供的公共服务,以法定契约为基础,按照市场的运行机制,交由营利性或非营利性组织提供,政府支付相应资金。由此可见,政府是公共服务的购买者,政府向社会力量购买公共服务,本质上是财政性资金的市场性支付,由此,政府通过改变公共服务的提供方式,能够提升财政资金的有效利用程度。因此,购买服务的职能部门、管理资金的财政部门以及政府内部的监察部门,都属于公共服务的购买者,它们统一构成购买主体。由此可见,从公共服务的二元主体结构到四元主体结构,提供公共服务,尤其是基本公共服务,都是政府的法定职责。在这其中,发生变化的是提供公共服务的主体结构、各主体的角色结构、公共服务的供给方式与运行机制。因此,在政府向社会力量购买公共服务的机制下,政府作为购买者依旧是非常重要的行为主体。

(三)对公共服务生产者的职责

对于公共体育服务生产者,政府主要起到规划和监管的作用。政府参与公共体育服务过程,但是其存在可以起到主导作用。政府提供公共体育设施,需要提前进行合理的规划,调研当地人民的需求,根据需求来建造合适的体育设施,满足当地人民体育锻炼需求的同时避免造成过度的浪费。在器材的选购方面,政府可以起到一定的监管作用,拒绝存在安全隐患的体育设施投入使用。政府既能够满足公民的对公共体育的需求,又能够通过监管和规划促进公共体育服务有序运营。在这一过程中,政府也可以出面同社会公益组织或者机构协商,共同努力完善设施。

二、青少年公共体育服务的生产者:社会组织

公共服务的"生产",是指将投入转化成产出的制作过程。对于公共服务的生产来说,生产者可以是公司企业、社会组织和自然人,有的国家如澳大利亚,把供给公共服务的政府部门也算作公共服务的生产者。按照组织性质,公共服务生产者可以分为营利性组织与非营利性组织。非营利性组织是指不以营利为目的,为民众提供教育、医疗、卫生、技术咨询等公共服务的社团等组织[①],在我国,主要是社会

① 项显生.论我国政府购买公共服务主体制度[J].法律科学(西北政法大学学报),2014,32(05):69—77.

组织和事业单位。这其中的社会组织，是指登记注册于民政部门的社会团体、基金会、民办非企业单位。社会力量进入公共服务供给领域之后，公共服务供给机制转变为政府购买社会力量直接生产和供给公共服务的机制。不同类别与不同发展阶段的社会组织，在公共服务的供给中扮演不同的角色。大体而言，我们可以从政府与社会组织关系的维度出发，分析社会组织在公共服务购买中的角色和作用。

理论上，政府向社会组织购买公共服务的过程存在着四种角色，即代理人、管家、合伙人和盟友。政府向社会组织购买公共服务是公共服务生产供给方式的转变。在传统的公共服务模式下，政府集多重角色于一身，是公共服务的供给者、生者和相关规则的制定、实施、监督和评估者，社会组织并无一席之地。而在政府购买公共服务模式中，社会组织与政府、私营机构等共同构成了生产供给的多重主体，进而形成了公私部门合作的网络关系。

毫无疑问，在公私合作的复杂网络关系中，社会组织与政府的关系最为重要。显然，社会组织在政府购买服务中的角色定位也需要从政府与社会组织的关系入手去寻找答案。在这一类相关文献中，尽管多数研究并非以社会组织的角色为主题，但追寻其关系的讨论仍可提炼出政府购买公共服务中社会组织可能扮演的几种角色。

（一）代理人

“代理人”角色的理论来源是代理理论。在代理理论下，政府购买服务被认为是委托人（政府）向代理人（社会组织）授权履行其职能的过程。它假定委托人与代理人都是自利的，且二者的利益并不一致，因而在信息不对称的情况下，委托人必须以完备的合同来管理代理人，避免其投机行为伤害委托人的利益。不少文献对社会组织的“代理人”角色有所涉及，例如吉德伦、克莱默和萨拉蒙认为政府和非营利组织的合作模式有两种，其中之一就是“合作的卖者”模式（Collaborative Vendor Model）[①]。在这一模式下，非营利组织便是政府项目管理的代理人，在谈判中拥有较少的决定权或讨价还价的权力；范斯莱克[②]、敬乂嘉[③]从委托—代理理论出

① Benjamin Gidron, Lester M.Salamon, Ralph M.Kramer. Government and the third sector[M]. San Franciso: Jossey - Bass. 1992.

② David M. Van Slyke. Agents or stewards: Using theory to understand the government - nonprofit social service contracting relationship[J]. Journal of Public Administration Research and Theory, 2007, 17(2): 157-187.

③ 敬乂嘉.社会服务中的公共非营利合作关系研究——一个基于地方改革实践的分析[J].公共行政评论，2011，4(05)：5—25+177.

发，讨论了政府与社会组织的委托代理关系，即二者之间以合同为基础，严格按合同办事，保持一定的距离，既合作又矛盾。

此外，在一些学者所界定的“合同”或是“购买”等公私合作类型中，社会组织的角色也大致可以理解为“代理人”。例如，布林克霍夫在其提出的公私合作模型中，合同关系是四种类型中的一种。在这种关系中，政府与社会组织通过合同来对项目进行管理，合同是政府事先设计好的，社会组织只是合同执行者，并没有参与制定的权力。①在上述文献中，虽然承担服务的社会组织未被冠以“代理人”之名，却有“代理人”之义。

（二）管家

“管家”角色的理论来源是管家理论。②与代理理论相反，管家理论假定存在代理不被个人利益驱动的可能性，在相互信任的前提下，代理人有可能为委托人的利益最大化而行动。在这样的情况下，代理人就有可能成为委托人的“管家”，委托人把权力尽可多地授予管家，管家也会尽心尽力为委托人工作，实现委托人的目标。在这一关系下，委托人的主要策略不是建立基于合同的问责机制，而是通过发展双方的信任关系，从而减少交易成本，达成服务目标。范斯莱克在管家理论的基础上，通过对美国公共服务合同外包实践的考察，认为完全意义上的竞争性外包只是一种理想，在实践中，“管家关系”是政府与社会组织关系中更为常见的模式。③

（三）伙伴

在民营化、第三方治理、网络化治理的视域中，社会组织与政府之间的关系常被称作“Public - Private Partnerships”(PPP)，中文常译作“公私伙伴关系”。无论是英文还是中文，“公私伙伴关系”都是一个意涵复杂的词，相关定义纷繁多样，内涵与外延各有不同，但大致可以归纳为以下两个类别。一是广义类。这类定义通常被用于对政府与社会组织或是私营部门多种合作形式的概括，其隐藏的含义是合作即成为“伙伴”，不涉及其合作方式、合作程度的差异。国外学者萨瓦斯的观点很具有代表性。他认为，广义的“公私伙伴关系”至少有三重含义，分别是指公共

① Jennifer M.Brinkerhoff. Government - nonprofit partnership：a defining framework[J]. Public Administration and Development：The International Journal of Management Research and Practice，2002，22(1)：19-30.

② James H. Davids，F. David S choorman，Lex Donaldson. Toward a stewardship theory of management[M]. Business Ethics and Strategy. Routledge，2018：473-500.

③ Rober Albanese，M.Tina Dacin，Ira C.Harris. Agents as stewards[J]. Academy of Management Review，1997：609-611.

和私营部门共同参与生产和提供物品和服务的任何安排，包括合同外包、特许经营等；一些复杂的、多方参与并被民营化了的基础设施项目；企业、社会公众和政府官员为改善城市状况而进行的一种正式合作。二是狭义类。由于“伙伴”一词固有的正向色彩，无论是西方还是东方，“伙伴关系”又常被视为政府与社会组织关系的最佳状态，双方地位平等、相互信任并深度合作，这种合作状态可以被理解为狭义的“公私伙伴关系”。在现实生活中，广义与狭义的“公私伙伴关系”常被交叉使用，容易造成认知上的混乱。针对仅以狭义理解“公私伙伴关系”的现象，很多学者表示担心。萨拉蒙曾经特别申明：将政府与社会组织之间的关系概括为“伙伴”，并非意味着现实中它们是“完全和谐的”。对此，库珀也深有感触，认为“伙伴”一词听起来不错，却也隐藏了许多复杂性。

（四）盟友

公私合作过程中社会组织的另一个可能角色是盟友。库珀认为，当政府更加依赖合同方，尤其是当政府已失去了自身提供服务的能力，且市场上又缺少合作伙伴时，伙伴关系就走向联盟。在他看来，盟友关系不是一个短期的购买协议，而是一种长期的事业。①

在社会组织与政府的合作中，购买平等程度高时，社会组织角色倾向于伙伴。在这一条件下，社会组织通常具有较强的自主性和较好的服务能力，从而更容易在政府购买服务的竞争中脱颖而出赢得项目，实现在更大范围内、更深层次上与政府的合作。双方合作遵从市场规则，公开招标，合同化治理程度较高，但双方视对方为伙伴，地位相对平等，优势互补，频繁交流，共同决策。当购买方式竞争程度高且平等程度低时，社会组织的角色倾向于代理人，即政府作为买主占据主导地位，项目的购买倾向于采用公开招标的方式，政府与社会组织之间是典型的委托—代理关系。双方保持一定距离，为防止代理人的投机行为，政府主导合同的制定，并严格按照合同监督管理社会组织；代理人则须严格执行合同，缺少参与决策的可能性。当购买方式竞争程度低且平等程度同样较低时，社会组织的角色则倾向于管家。即由于社会组织弱小或是数量太少，项目的获得大多通过非竞争方式，政府作为买主占据主导地位。社会组织就像生活中的管家一样，以政府命令为行动准则，愿意为实现政府目标而竭尽全力。由于对社会组织的信任程度高，合同的重要性相对降低，政府对双方合作的管理倾向于超越合同，进行更多的授权。当购买方式

① 菲利普·库珀．合同制治理——公共管理者面临的挑战与机遇[M]．上海：复旦大学出版社，2007.

竞争程度低且平等程度高时,社会组织的角色则倾向于盟友。在盟友关系下,社会组织鲜有竞争对手且有足够的能力与政府平起平坐。政府与社会组织之间需要相互依赖,为共同的事业而合作。由于社会组织无可替代,双方合作并不采用竞争方式,而且是长期的、稳定的,二者间的合同"更像盟约,而不是购买协议"。它有点类似于市场中的合伙人制度:雇主聘用雇员为其工作,但当雇员的能力提高到一定程度,能够与雇主比肩时,雇佣关系就有可能演变为合伙关系,合伙人拥有公司股份,参与公司决策与管理,分享公司利润。在政府向社会组织购买公共服务中,当社会组织能力增强,和政府的谈判能力提高,政府与社会组织之间的关系就可能向联盟关系演变,二者地位平等,互惠互利,合作向纵深发展。

三、政府购买公共服务的消费者:社会公众

公共服务的消费者,即公共服务的受益人,通常意义上是指特定行政区域范围内享受政府提供公共服务的特定公众。实际上,在公共服务改革的任何阶段,我国公共服务供给的最终目标都是一样的,即满足社会公众享用优质公共服务的权利。尽管如此,改革后的变化在于:在传统的公共服务模式下,公众被动接受政府提供的公共服务,而在改革后,公众成为购买过程中的主体之一,积极履行对政府供给的公共服务进行监督的权利、对公共服务进行最终评价的权利以及对公共服务项目范围的选择进行建议的权利。在政府购买公共服务的视域下,公众是主体结构的四元主体之一,是公共服务的终极享用者和消费者。目前,无论在理论上还是实践中,公共服务的消费者都还没有得到足够的关注,而且在购买过程的四元主体结构中,消费者实际上处于相对弱势的地位。一方面,政府购买公共服务的过程,不同于私人购买商品的市场过程,在私人购买商品的市场活动中,购买主体往往就是消费主体,因此,消费主体在购买过程中拥有绝对主动权,购买能否实现,取决于消费主体的意愿;但是,在政府购买公共服务的活动中,购买主体与消费主体是相互分离的,虽然消费主体满意是购买过程的最终目标,但是购买公共服务过程能否达成,实际上取决于购买主体的意愿,而消费者却成为购买过程中相对弱势的一方。另一方面,我国购买方式的转变刚刚起步,无论是购买者还是消费者,都尚未对消费者的作用予以足够的重视,尤其需要指出的是,消费者自身往往也以搭便车的心理对待公共服务供给中的种种弊端。消费者作为政府购买公共服务的主体之一,在购买过程中具有三重角色:确定公共服务购买的范围和方向;完善公共服务购买流程,使购买程序更加合理高效;监督政府购买的公共服务的绩效。

四、青少年公共体育服务的评估者:第三方机构

作为政府购买公共服务的重要环节,绩效评估的有效运作是保障政府购买公共服务的关键,简单地讲,评估是指“做了什么样的事情”,以及“获得什么样的效果”。

在政府购买公共服务过程中,所谓评估,主要是围绕合同执行状况与项目资金使用情况进行绩效评估。一般来说,公共服务购买项目的评估可以分为对机构资质的事前评估、承担项目服务期间的中期评估、公共服务最终结项评估三类评估。[①]

在传统的公共服务模式下,公共服务的评估是由购买者承担的。在新的历史条件下为了保障评估结果的专业性、独立性和客观性,在政府购买公共服务中往往引入第三方评估机制以实施政府所购买的公共服务评估项目。实际上,随着政府向社会力量购买公共服务的开展,第三方评估正在逐步成为政府购买公共服务体系的有机组成部分。因此本书所称的评估,正是讨论第三方为主体的评估机制,也就是通常所说的第三方评估。所谓第三方,一般是权威性和专业性的中介机构或组织。相比于购买者评估和生产者自身评估,第三方评估具有专业性、独立性与客观性的优势,具体体现在以下三个方面。(1)专业性。评估需要标准化和可操作的评估方法、完备的评估指标体系,因此,评估对专业性的要求比较高。与购买者相比,第三方组织多由该领域内的专业人士组成,在相关领域中具有很大的优势,并且熟悉评估流程,因此,其评估结果更具有权威性。(2)独立性。第三方组织既独立于购买者也独立于生产者,独立的身份使得第三方可以独立收集信息,其独立的身份使得第三方的评估结果更容易得到消费者的认可。(3)客观性。购买者评估、生产者自身评估,甚至消费者评估,都可能因为利益关系使得评估带有浓厚的主观色彩,第三方作为独立法人,不是政府购买公共服务的利益相关者,从而可以有效避免这一弊端。

第二节　武汉市政府购买青少年公共体育服务的满意度分析

在借鉴相关理论研究与实际研究的基础上,笔者发现影响政府购买青少年公共体育服务受众满意度的因素主要有三个,分别是受众的感知质量、感知价值和公

---

① 徐家良,赵挺.政府购买公共服务评估机制研究[J].政治学研究,2013(05):87—92.

众期望。在政府购买青少年公共体育服务时，构建以政府部门为核心，多元力量共同参与的青少年公共体育服务体系，有利于青少年身心健康发展，同时也将促进我国政府购买青少年公共体育服务体系的进一步完善。评价政府购买青少年公共体育服务取得的成效可以从受众青少年满意度、服务质量、政府职能转变等方面进行评价。

而提升政府购买青少年公共体育服务中的受众满意度，首先要重视受众青少年的实际体育需求，同时注重建设高质量的体育场地，提供专业的器械设施和体育指导员。本书从受众青少年的满意度出发，对武汉市政府购买青少年公共体育服务成效进行评价，分析武汉市政府购买青少年公共体育服务中对于青少年满意度影响较大的因素，结合政府购买青少年公共体育服务相关情况，针对影响较大的因素提出完善的改进意见，优化青少年的公共体育服务体系，希望能为促进我国青少年体育事业的发展贡献一份力量。

一、调查分析的具体实施过程与手段

（一）服务成效满意度问卷设计与量表编制

本书依据《国务院办公厅关于政府向社会力量购买服务的指导意见》和《“奔跑吧·少年”2021年武汉市青少年体育夏令营活动方案》，根据以往受众满意度的评价模型和公共体育服务受众满意度的调查问卷题目，再结合受众青少年的特点，编制了《武汉市政府购买青少年公共体育服务受众青少年满意度调查问卷》，用以调查受众青少年满意度（调查问卷详见附录1）。

为保证问卷的合理性和科学性，本次调查请六位专家评委对该初始问卷的主要内容、结构等方面进行评价，并进行“合理、比较合理、一般、不太合理、不合理”五个等级的效度检验，结果见表4-1。

表4-1　专家评价结果

名称	效度评价	合理	比较合理	一般	不太合理	不合理
青少年满意度调查问卷	总体设计	4	2	0	0	0
	内容设计	4	2	0	0	0
	结构设计	4	1	1	0	0

根据评价后的结果，问卷总体设计、内容设计和结构设计能够反映本次研究所关注的相关问题。同时再根据专家评委的反馈意见对问卷进行删改后，将调查问卷在两个服务机构中进行小范围的纸质版预调研，并当场询问青少年对该问卷调

查的理解以及在项目内容上是否存在疑问。经过调研后，删除了青少年反映理解困难的题项。

最后，确定本书研究的调查问卷内容。经过删除整理后，保留了十五个题项，具体可分成四个部分：第一部分是受众青少年对服务承接主体硬件设施的满意度调查，包括对培训机构环境、距离、运动设施和安全保障设施的满意程度四个题项；第二部分是受众青少年对服务承接主体工作人员的满意度调查，包括对教练员教学讲解、技术水平、形象和对其他工作人员的满意程度四个题项；第三部分是受众青少年对服务承接主体教学方面的满意度调查，包括对教学过程、效果、趣味性、创新性、实用性和教学时间安排的满意程度六个题项；最后一部分是受众青少年对本次武汉市政府购买青少年公共体育服务的整体满意度调查。所有题项的选项均为"非常不满意、不太满意、一般、比较满意、非常满意"。《武汉市政府购买青少年公共体育服务受众青少年满意度调查问卷》的具体结构框架见表4-2。

表4-2 武汉市政府购买青少年公共体育服务受众青少年满意度量表结构框架

满意度测量维度	满意度测量指标
1.对服务承接主体客观条件满意度调查	(1)您对培训机构环境的满意程度
	(2)您对培训机构距离的满意程度
	(3)您对培训机构运动设施的满意程度
	(4)您对培训机构安全保障设施的满意程度
2.对服务承接主体工作人员满意度调查	(5)您对教练员的教学讲解的满意程度
	(6)您对教练员技术水平的满意程度
	(7)您对教练员形象的满意程度
	(8)您对其他工作人员的满意程度
3.对服务承接主体教学方面满意度调查	(9)您对教学过程的满意程度
	(10)您对教学效果的满意程度
	(11)您对教学内容趣味性的满意程度
	(12)您对教学内容实用性的满意程度
	(13)您对教学手段创新性的满意程度
	(14)您对教学时间安排的满意程度
4.对本次服务整体满意度调查	(15)您对本次服务的整体满意程度

在初步设计了武汉市政府购买青少年公共体育服务满意度量表之后，通过专家调查、访谈，确定量表的专家效度，进行初始调查获得数据后，进一步研究了量表的结构有效性，并对该量表的内部一致可靠性和外部可靠性进行验证，进一步修正量表后实施调查。

研究问卷采用现场发放并回收的形式，总共发放调查问卷300份，回收300份，其中有效调查问卷为276份，回收率为100%，有效率为92%，调查问卷所得数据满足研究分析所需。整个问卷发放与回收的时间区间为2021年7月6日至2021年7月18日。

（二）访谈设计与实施

1. 访谈对象

本章研究的内容为受众满意度视角下武汉市政府购买青少年公共体育服务的成效，受众青少年参与的服务项目不同，涉及的服务机构不同，收获也不同。因此，针对这一特点，笔者从不同的对象中选择了部分受众青少年及其家长进行访谈，听取他们参与武汉市政府购买青少年公共体育服务的意见及建议。本书对60名相关人员进行了访谈，包括42名受众青少年，18名受众青少年的家长，各类访谈对象基本情况见表4-3。

表4-3 各类访谈对象基本情况

类别	项目	人数	培训场地
青少年	足球	5	武泰闸体育场
	篮球	8	自由时刻体育公园
	网球	7	武汉体育学院网球场
	游泳	4	洪山文体中心游泳馆
	射箭	3	武汉全民健身中心射箭场
	羽毛球	10	武汉体育学院羽毛球场
	乒乓球	5	洪山区卓越乒乓馆
青少年的家长	足球	3	武泰闸体育场
	篮球	2	自由时刻体育公园
	网球	5	武汉体育学院网球场
	射箭	2	武汉全民健身中心射箭场
	羽毛球	4	武汉体育学院羽毛球场
	乒乓球	2	洪山区卓越乒乓馆

2. 访谈提纲的设计

考虑到武汉市政府购买青少年公共体育服务的受众青少年及其家长情况不同，因此针对这两类人群设计了2份不同的访谈提纲。针对受众青少年的访谈问题尽量简单易懂，能够使受众青少年充分表达自己的感受。针对受众青少年的家长，则侧重于了解他们作为旁观者对于本次活动的看法，如此可以从两个角度了解本次武汉市政府购买青少年公共体育服务取得的成效（访谈提纲详见附录4和附录5）。

3. 访谈的实施

根据访谈提纲分别对60人进行了访谈，访谈均以面谈的形式进行，每次访谈时间为5—10分钟，并保存访谈内容。访谈结束后，将访谈内容进行详细整理，选取与本书研究方向相关度较高的内容，通过适当整理加工后，总结出受众青少年及其家长对于武汉市政府购买青少年公共体育服务成效的相关看法。

二、武汉市政府购买青少年公共体育服务现状分析

（一）购买服务概况

武汉市政府从2009年开始购买青少年公共体育服务，最初购买的仅有青少年游泳服务，到2018年除购买原有的游泳服务外，新增购买青少年体育技能培训服务，包括足球、篮球、游泳等运动项目的培训服务。2021年6月，武汉市体育局和武汉市教育局联合发布《"奔跑吧·少年"2021年武汉市青少年体育夏令营活动方案》（以下简称《方案》），安排38所游泳馆为全市中小学生提供20天暑假免费游泳服务，并为超过1万名青少年开展包括16个运动项目的免费培训。近年来武汉市购买青少年公共体育服务情况见表4-4。

表4-4 武汉市购买青少年公共体育服务概况

时间	购买项目	培训点	培训人数	培训时长
2013年	游泳	35所游泳馆	14585个每日额定游泳人数	15天游泳培训
2014年	游泳	37所游泳馆	20054个每日额定游泳人数	
2015年	游泳	36所游泳馆	16614个每日额定游泳人数	20天游泳培训
2016年	游泳	34所游泳馆	15260个每日额定游泳人数	
2017年	游泳	40所游泳馆	15780个每日额定游泳人数	
2018年	游泳、足球、篮球、网球、羽毛球	42所游泳馆，109个技能培训点	16475个每日额定游泳人数，10000个体育技能培训名额	20天游泳培训，12天体育技能培训
2019年	游泳、足球、篮球、网球、羽毛球、武术、滑冰、马术	42所游泳馆，138个技能培训点	16475个每日额定游泳人数，14000个体育技能培训名额	
2020年	足球、篮球、网球、羽毛球、武术、滑冰、滑雪、马术	81个技能培训点	5760个体育技能培训名额	12天体育技能培训，其中冰雪项目为8天
2021年	游泳、足球、篮球、网球、羽毛球、武术、滑冰、滑雪、马术、射箭、其他水上运动、乒乓球、击剑、摔跤、跆拳道、体操	38所游泳馆，175个技能培训点	11475个每日额定游泳人数，15780个体育技能培训名额	20天游泳培训；12天体育技能培训，其中冰雪项目为8天

由上表可知，武汉市政府购买青少年公共体育服务项目呈现多样化趋势，2021年武汉市政府购买青少年公共体育服务项目比2013年增加了15项，新增的项目不仅包含球类、冰雪类等大众项目，还包含射箭、击剑等小众项目。武汉市政府购买青少年公共体育服务项目的多样化为青少年提供了更多的选择，极大地满足了青少年的不同体育需求。

此外，武汉市政府购买青少年公共体育服务在培训点、培训人数及培训时间上总体呈增长趋势。2021年的青少年公共体育服务培训点共有213个，相比于2013年增加了178个；2021年的青少年公共体育服务培训人数为11475个每日额定游泳人数和总共15780个体育技能培训名额，而2013年虽有14585个每日额定游泳人数，但没有体育技能培训名额；2021年的青少年公共体育服务培训时长为20天游泳培训和12天技能培训，其中冰雪项目为8天，而2013年培训时长为15天游泳培训。武汉市政府购买青少年公共体育服务培训点、培训人数及培训时间的增长，让公共体育服务惠及更多的武汉市青少年。

（二）购买服务内容

对《2021年武汉市青少年体育夏令营活动方案》中规定的体育技能培训服务人数进行梳理统计，结果见表4-5。购买的技能培训服务主要面向学龄前和义务教育阶段的小学生，2021年武汉市购买青少年免费体育运动技能培训名额共计有15780个。

表4-5　2021年武汉市政府购买体育运动技能培训情况内容情况

体育运动技能培训项目	年龄要求	人数
体操	5岁	50人
乒乓球、滑冰、滑雪	5—7岁	2210人
击剑、足球、武术	7岁	2380人
网球、马术	8岁	1420人
跆拳道、羽毛球	9岁	2130人
游泳	10岁	4960人
射箭、篮球	11岁	2510人
摔跤、其他水上运动	12岁	120人

由上表可知，武汉市政府购买青少年公共体育服务方案中明确规定了青少年能够参加各项体育技能培训的年龄，体操项目仅能由5岁的青少年参加（2021年方案中此项年龄规定为2015年9月1日至2016年8月31日出生者，下同此形式）；乒乓球、滑冰、滑雪项目5—7岁的青少年均可参加；击剑、足球、武术规定青少年年龄为7岁；网球和马术的年龄要求为8岁；9岁的青少年可以参加跆拳道和羽毛球技能培训；参加

游泳项目的青少年年龄应为10岁；射箭和篮球培训规定青少年年龄为11岁；体育技能项目中规定年龄最大的项目为摔跤和其他水上运动，年龄为12岁。

在接受体育技能培训服务的青少年名额中，年龄为10岁的名额最多，有4960个，占比达到31.4%，年龄为12岁的名额最少，为120个，占比仅为0.08%。

在政府购买的游泳服务中，服务对象为全市接受义务教育阶段的中小学生，根据自愿原则，在规定时间内（2021年7月11日至7月30日，上午9:00—11:00；下午15:00—17:00），凭有效学生证件入场免费游泳，游泳服务每日额定名额为11475人次，20天共计可服务229500人次。

（三）购买服务形式

2021年武汉市发布的政府购买青少年公共体育服务文件中明确购买主体为武汉市体育局，购买培训服务技能的经费标准为每人500元，仅限用于教练员的劳务费、学员保险费等；购买游泳服务开放游泳池馆的经费标准为1000平方米以上10万元，600到1000平方米8万元，小于600平方米6万元。对2021年武汉市政府购买青少年公共体育服务的承接主体进行梳理，结果见表4-6。

表4-6　2021年武汉市政府购买青少年公共体育服务承接主体情况

单位：个

地区	承接主体数量	技能培训数量	游泳馆数量
江岸区	13	12	1
江汉区	12	11	1
硚口区	14	13	1
汉阳区	12	10	2
武昌区	17	14	3
洪山区	21	15	6
青山区	9	7	2
东西湖区	15	13	2
黄陂区	19	16	3
蔡甸区	8	6	2
江夏区	16	13	3
新洲区	12	10	2
经开汉南区	20	15	5
东湖高新区	9	6	3
东湖风景区	5	4	1
市直属	10	9	1
其他	1	1	0
总计	213	175	38

由表4-6可知，武汉市政府购买青少年公共体育服务的承接主体存在以下几个特点。

(1)承接主体数量分布不均匀。表中武汉市政府购买青少年公共体育服务共分为16个地区和1个其他项,其他为单独提供马术技能培训的机构。16个地区共有213个承接主体单位,平均下来每个地区应有13个或14个承接主体,但洪山区、经开汉南区等地承接主体数量超过20个,而青山区、东湖高新区等4个地区承接主体数量不足10个,东湖风景区承接主体更是仅有5个。

(2)各类服务项目承接主体数量两极化明显。由图4-1可知,武汉市政府购买青少年公共体育服务的承接主体中,共有149个承接主体提供武术、足球、网球、羽毛球、游泳和篮球项目中的一种,占比达到承接主体总量的85.1%,其中提供羽毛球项目的承接主体数量最多,达到31个。剩余10个项目中,每个项目承接主体均不超过7个,同时,提供摔跤、体操、其他水上运动和马术项目的承接主体各仅有1个。由此可知,当前武汉市政府购买青少年公共体育服务中以羽毛球、游泳、篮球、网球、足球以及武术6个项目为主要服务项目。

单位:个

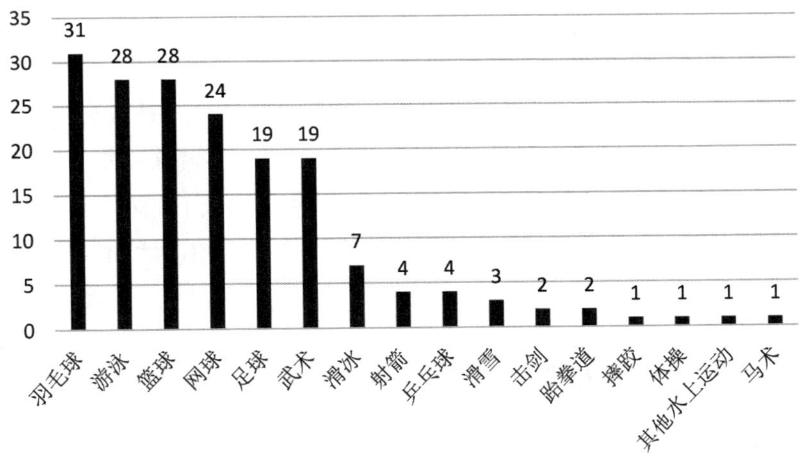

图4-1　各类服务项目承接主体数量

(四)购买服务宣传

“奔跑吧·少年”2021年武汉市政府购买青少年公共体育服务活动于6月23日启动注册程序,面向身体健康、感兴趣、自愿参加的适龄学生,唯一注册方式为通过“武汉智慧体育服务平台”官方微信公众号。6月26日9时至6月28日12时,进行报名确认,名额报满为止。

在发放的调查问卷中,关于青少年家长获取武汉市政府购买青少年公共体育服务信息途径的统计如图4-2。

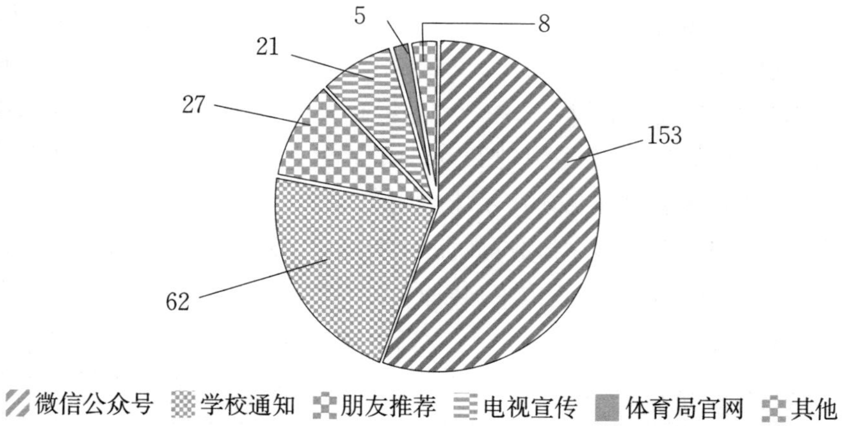

图4-2 青少年家长获取公共体育服务信息途径

根据上图所示，青少年家长获得信息的首要渠道为微信公众号，占比达到55.4%，其次是学校通知，占比达到22.4%。一方面微信公众号是当前较为流行且传播力度较强的媒介，另一方面学校是青少年活动的主要场所，因此，这两个途径成为青少年家长获得信息的主要来源。通过体育局官网、电视宣传、朋友推荐等途径了解到活动的青少年家长占比则相对较少。

"武汉智慧体育服务平台"公众号发布的关于本次活动统计信息如下：活动报名正式启动后，系统最高峰每分钟访问量接近30万人次，最高峰每小时访问量超过240万人次，每日平均访问量超过10万人次。结合培训15780个体育技能培训名额来看，关注此活动的人数远超培训名额数量，也可得知该活动宣传覆盖面广、宣传力度强。

三、武汉市政府购买青少年公共体育服务青少年满意度分析

（一）受众青少年基本情况

1. 受众青少年的性别情况

本次回收的有效调查问卷共计276份，青少年的性别统计见表4-7，其中女性青少年118人，占比42.8%；男性青少年158人，占比57.2%，性别比约为100:133。

表4-7 受众青少年的性别统计结果

性别	样本量(人)	百分比
男	158	57.2%
女	118	42.8%
总计	276	100%

2. 受众青少年的年龄情况

本次调查问卷中青少年的年龄分布见表4-8，5岁青少年有6人，占比2%；6岁青少年有10人，占比3.7%；7岁青少年有58人，占比21%；8岁青少年有53人，占比19.3%；9岁青少年有62人，占比22.5%；10岁青少年有39人，占比14.1%；11岁青少年有41人，占比14.9%；12岁青少年有7人，占比2.5%。根据统计数据可知，本次调查问卷中涉及了全部年龄段的青少年，但受到参与项目有严格的年龄限制条件，以及不同项目参与人数差别较大等因素影响，样本对象主要集中分布在7—11岁年龄段，其中9岁青少年的样本量最大。

表4-8　受众青少年的年龄统计结果

年龄(岁)	样本量(人)	百分比
5	6	2%
6	10	3.7%
7	58	21%
8	53	19.3%
9	62	22.5%
10	39	14.1%
11	41	14.9%
12	7	2.5%
总计	276	100%

3. 受众青少年参与的运动项目情况

本次调查问卷中青少年参与的运动项目见表4-9，参与乒乓球项目的有16人，占比5.8%；参与足球项目的有43人，占比15.6%；参与武术项目的有15人，占比5.4%；参与网球项目的有53人，占比19.2%；参与羽毛球项目的有62人，占比22.5%；参与游泳项目的有39人，占比14.1%；参与篮球项目的有35人，占比12.7%；参与射箭项目的有7人，占比2.5%；参与其他水上运动项目的有6人，占比2.2%。根据统计数据可知，本次调查问卷中总共涉及了9个运动项目的参与人群，参与本次武汉市政府购买青少年公共体育服务中上述9个运动项目的人数共计13120人，占总活动人数15780人的83%，样本数据在本次活动中具有较好的代表性。

表4-9　受众青少年参与的运动项目统计结果

项目	样本量(人)	百分比
乒乓球	16	5.8%
足球	43	15.6%
武术	15	5.4%
网球	53	19.2%
羽毛球	62	22.5%
游泳	39	14.1%

续表

项目	样本量(人)	百分比
篮球	35	12.7%
射箭	7	2.5%
其他水上运动	6	2.2%
总计	276	100%

（二）服务承接主体客观条件满意度分析

1. 服务承接主体环境满意度统计

服务承接主体环境的满意度如图4-3，有81名受众青少年选择了“非常满意”，占比为29.3%，有128名受众青少年选择了“比较满意”，占比为46.4%，有51名受众青少年选择了“一般”，占比为18.5%，此外分别有4名和12名受众青少年选择了“不满意”和“非常不满意”，占比分别为1.5%和4.3%。

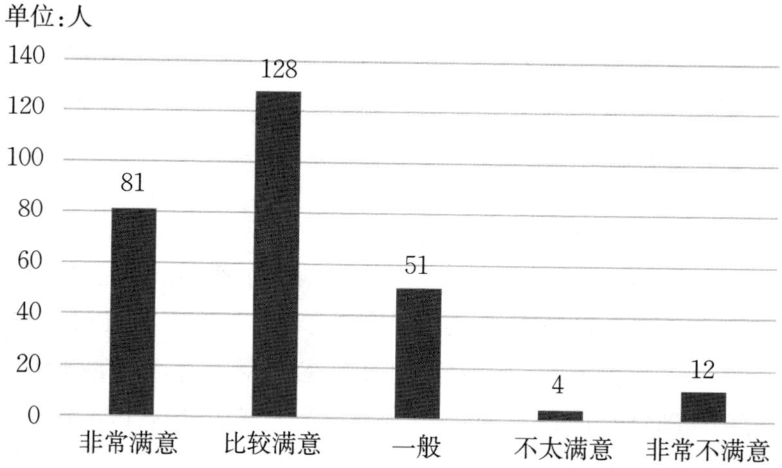

图4-3　服务承接主体环境满意度统计

由此可见，大部分受众青少年对于服务承接主体环境的满意度较高，但仍有部分服务承接主体的环境需要进一步改善。因为服务承接主体中有部分机构成立时间已经超过十年，外加部分机构没有对老旧的环境进行翻新改造，难免使受众青少年对于环境感到不满意。而对于成立时间较短的机构，以及近期对环境进行过改造翻新的机构来说，它们的环境通常能够使受众青少年感到满意。因此，对于那些使受众青少年感到不满意的承接主体来说，应考虑对自身的环境进行改造。

2. 服务承接主体距离满意度统计

对服务承接主体距离的满意度调查如图4-4所示，在受众青少年中有116人选择了“非常满意”，占比为42%；60名受众青少年选择了“比较满意”，占比为21.8%；满意度的评价低于“满意”的人数占到了受调查人数的36.2%，其中40人选择“一般”、24人选择“不太满意”、36人选择“非常不满意”。

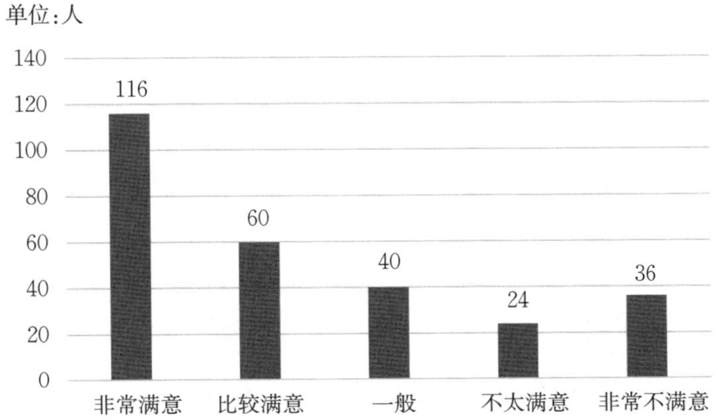

图4-4　服务承接主体距离满意程度统计

上述数据表明，部分受众青少年对于服务承接主体距离感到不满意。因为受众青少年可能会选择住所所处行政区之外的服务承接主体机构，排除市直属区域后，2021年政府购买服务中的15个行政区里，提供某类运动技能培训服务的机构项见表4-10。仅有一个机构的有67项，两个机构的有26项，三个机构的有5项，四个机构的有6项，五个机构的有1项，分别平均下来每个行政区里是4.7项、1.7项、0.3项、0.4项、0.07项，可见每个机构的服务项目相对较少，难以满足青少年的多样化需求，因此，青少年如果想要选择满意且满足自身需求的服务项目，可能需要选择去离家较远的其他行政区的服务机构，每个受众青少年及其家长在选择机构时难以根据家庭远近主动选择机构，导致造成受众青少年往返机构时间过长。

表4-10　行政区中一项运动服务机构数量

行政区中一项运动服务机构数量（个）	总计（个）	平均（个）
1	67	4.5
2	26	1.7
3	5	0.3
4	6	0.4
5	1	0.1

3. 服务承接主体运动设施满意度统计

与前面两项满意度相比较，受众青少年对于服务承接主体的运动设施满意度较高。如图4-5所示，选择“非常满意”和“比较满意”的受众青少年分别有124人和

103人，两项的人数占整体的82.2%，另外分别有8人和10人选择了“不太满意”和“非常不满意”，占比分别为2.9%和3.6%。

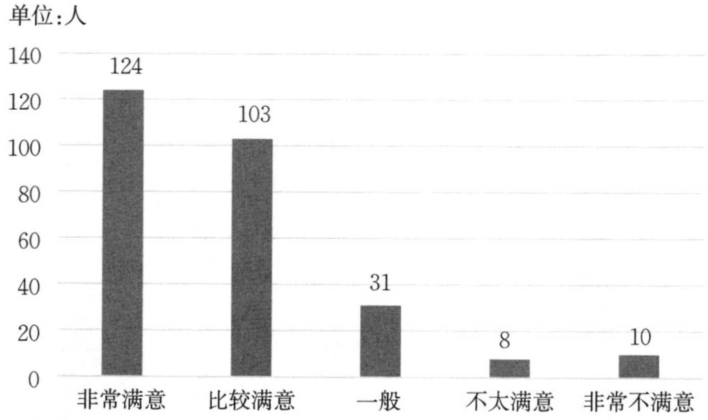

图4-5 服务承接主体运动设施的满意度统计

对于体育服务机构的运动设施，服务机构应保证器材数量充足、配套设施齐全、及时维护保养、定期检查更换。受众青少年对运动设施的整体满意度较高，表明服务承接培训机构中的运动设施能够较好地满足受众青少年在运动时对于运动设施的需求。

4. 服务承接主体安全保障设施满意度统计

服务承接主体安全保障满意度调查结果如图4-6所示，有150名受众青少年选择了“非常满意”，占比为54.4%；有79名受众青少年选择了“比较满意”，占比为28.6%；有32名受众青少年选择了“一般”，占比为11.6%；此外分别有7人和8人选择了“不太满意”和“非常不满意”，占比分别为2.5%和2.9%。

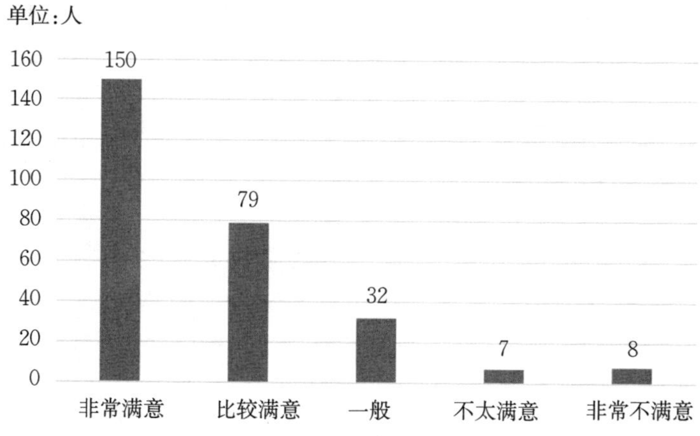

图4-6 服务承接主体安全保障设施满意度统计

服务承接主体具有保障青少年安全的义务，应当提供符合合同要求的安全条件，制定风险防范及应急处置预案等保障措施。本次调查反馈中，服务承接主体在安全保障方面做得比较好，但在保持的同时，仍需不断地完善和提升。

（三）服务承接主体工作人员满意度分析

1. 教练员教学讲解满意度统计

受众青少年对教练员教学讲解的满意度调查如图4-7所示，有167人选择了“非常满意”，占比达到60.5%，78人选择了“比较满意”，占比达到28.2%，23人选择了“一般”，此外选择“不太满意”和“非常不满意”的分别有5人和3人。

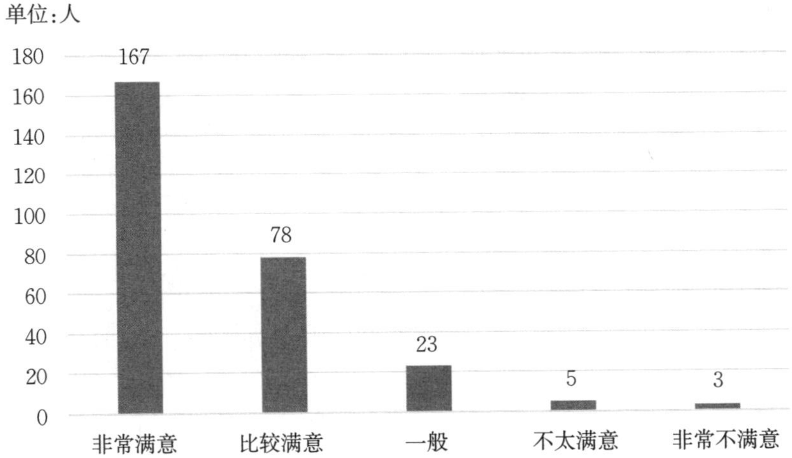

图4-7　教练员教学讲解满意度统计

教练员担当着传授运动技能的角色，教练员的语言表达是向青少年传递运动信息的重要工具，讲解时的语言要准确、简练、生动、流畅，同时要具备科学性、逻辑性和启发性。教练员还要提前准备教学工作计划，方便组织课堂教学。受众青少年对于教练员的讲解满意度高，说明大部分受众青少年认为教练员语言表达能力较强，能够在教学过程中表达清楚，受众青少年可以快速理解教练员的意图，同时能够很好地完成教学任务。

2. 教练员技术水平满意度统计

如图4-8所示，受众青少年对于教练员技术水平的满意度整体较好，选择“非常满意”和“比较满意”的人数分别有208人和57人，占比分别为75.4%和20.7%，仅有11人未选择上述两项，此外没有受众青少年选择“非常不满意”。

教练员在运动教学中担当着示范者的角色，为了做好教学工作，教练员必须具备优秀的体育技能和专业能力，能够在教学中进行准确的示范动作展示，帮助青少年直观地感知并理解运动技能。受众青少年对于教练员的技术水平满意度非常高，表明服务承接主体中教练员们的技术水平较高、专业能力较强，得到了受众青少年们的认可。

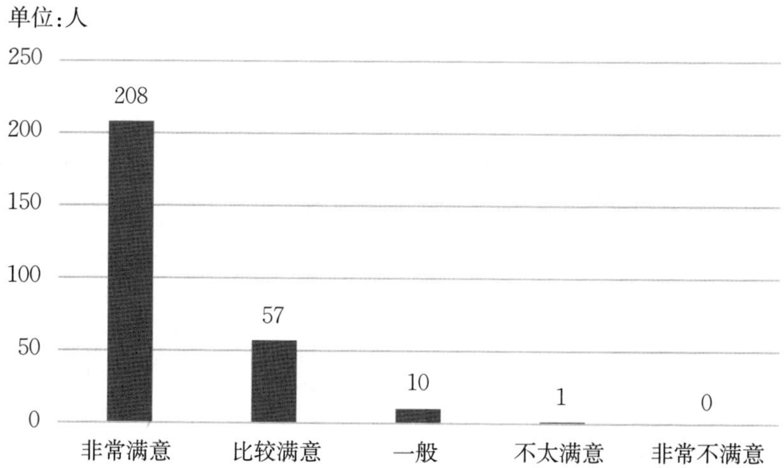

图4-8 教练员技术水平满意度统计

3. 教练员形象满意度统计

教练员的形象是青少年亲近或疏远教练员的因素之一，同时青少年有向师性的特点，因此教练员不仅要重视自身的教学能力还要为受众青少年起榜样作用，应具备思想高尚、自信乐观、端庄大方、干净卫生等积极的人格形象。如图4-9所示，有123名受众青少年对教练员形象表示“非常满意”，占比达到44.6%，其次有109名受众青少年表示“比较满意”，占比达到39.5%，有30人选择“一般”这个选项，此外还有6人选择“不太满意”、8人选择“非常不满意”。

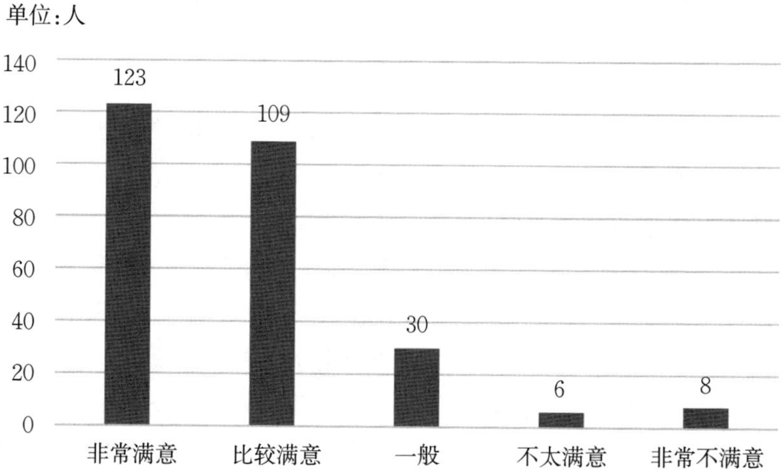

图4-9 教练员形象满意度统计

上述数据表明受众青少年认可大部分教练员的形象，但仍有部分教练员需要努力提高自身形象，以获取受众青少年的认可。

（四）其他工作人员满意度统计

如图4-10所示，有199名青少年对于服务承接主体中的其他工作人员表示"非常满意"，占比高达72.1%，51名青少年选择"比较满意"，占比为18.5%，20名青少年选择"一般"，此外，有2名青少年选择"不满意"、4名青少年选择"非常不满意"。由此说明，绝大多数其他工作人员得到了青少年的认可，仅有一小部分其他工作人员还需要进一步提升工作表现。

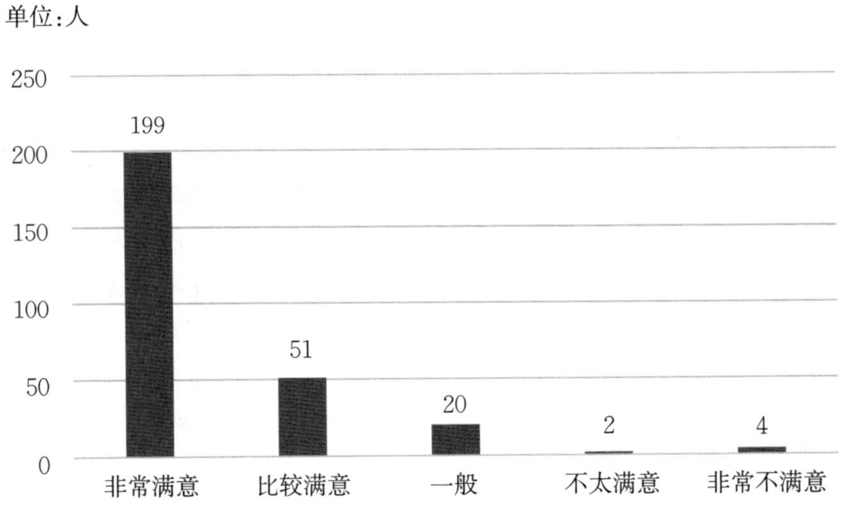

图4-10　其他工作人员满意度统计

（五）服务承接主体教学方面满意度分析

1. 教学过程满意度统计

教学过程是教练员根据教学目的和学员的身心发展的特点，指导学员有目的、有计划地掌握运动技能的过程。教学过程包括教练员的教授、学员的学习和教学的互动。对于教学过程的满意度如图4-11所示，受众青少年中有102人选择了"非常满意"，占比为37%，有128人选择了"比较满意"，占比为46.4%。总体而言，本次调查中受众青少年在大部分机构的教学过程中体验较好。但是，仍有6人和10人选择了"非常不满意"和"不太满意"。

上述数据表明，受众青少年非常认可教练员的授课，但是也有部分受众青少年认为有些机构的教学过程有待改进和提高。

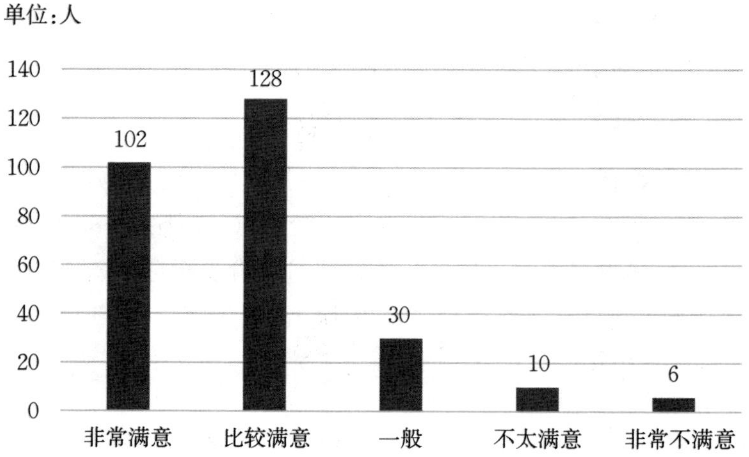

图4-11 教学过程的满意度统计

2. 教学效果满意度统计

教学效果是对学员学习结果的评价,代表学员掌握运动技能的程度。由图4-12可知,被调查的青少年中有181人对于教学效果表示"非常满意",占比为65.6%,其次有62人对于教学效果选择了"比较满意",占比为22.5%,选择上述两项的人数占比高达88.1%,仅有一小部分青少年对于教学效果表示"不太满意"和"非常不满意"。

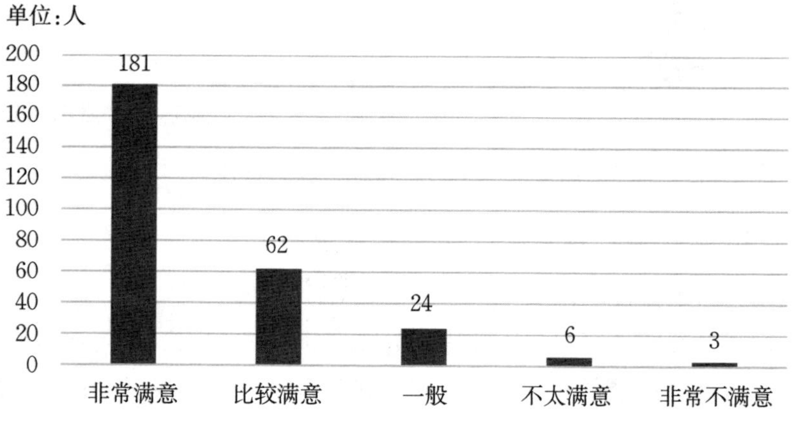

图4-12 教学效果满意度统计

上述数据表明,大部分受众青少年较好地掌握了培训中教授的运动技能,也从侧面反映出武汉市政府购买青少年公共体育服务过程中,大部分的服务承接主体注重受众青少年体育技能学习的效果,同时也让受众青少年切身感受到学习后的变化。在未来的购买青少年公共体育服务中,仍要坚持对青少年学习运动技能后的效果进行评价。

3. 教学内容趣味性满意度统计

教学内容趣味性是根据受众青少年的身心特点与认知发展规律，利用游戏、比赛等方式展开教学活动，从而使受众青少年更容易接受和学习运动技能，有效提升受众青少年的学习效率。

由图 4-13 可知，在被调查的受众青少年对于教学内容趣味性的满意度上，有 61 人选择“非常满意”，占比为 22.2%，有 85 人选择了“比较满意”，占比为 30.8%，选择“一般”的有 82 人，占比为 29.7%。此外有 36 人选择“不太满意”，占比达到 13%，而选择“非常不满意”的也有 12 人，占比达到 4.3%。

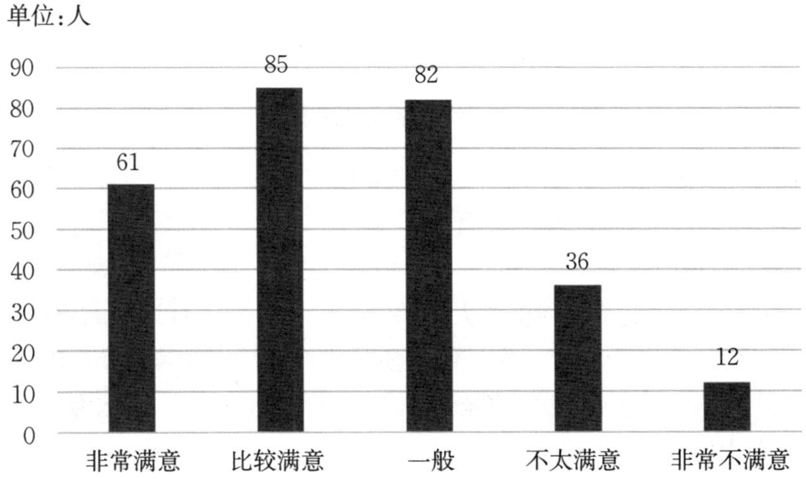

图 4-13　教学内容趣味性满意度统计

上述数据说明，参加培训的受众青少年在培训过程中，对于教学内容的趣味性认可度并不高，考虑到本次培训面向的是 5—12 岁的青少年，服务承接主体应该加强教学设计中的趣味性，增加游戏、比赛等环节，以此来提高受众青少年在训练中的积极性。

4. 教学内容实用性满意度统计

教学内容的实用性指该内容是否有利于培养受众青少年对体育的兴趣爱好和实际从事体育锻炼的能力，能否促进受众青少年体质健康水平提升以及使受众青少年养成终身体育的习惯。

受众青少年对于教学内容实用性的满意度如图 4-14 所示，受众青少年选择“非常满意”和“比较满意”选项的分别有 152 人和 68 人，占比分别为 55% 和 24.6%，还有 41 名受众青少年选择了“一般”。此外，有 13 名受众青少年选择“不太满意”、2 名受众青少年选择“非常不满意”。

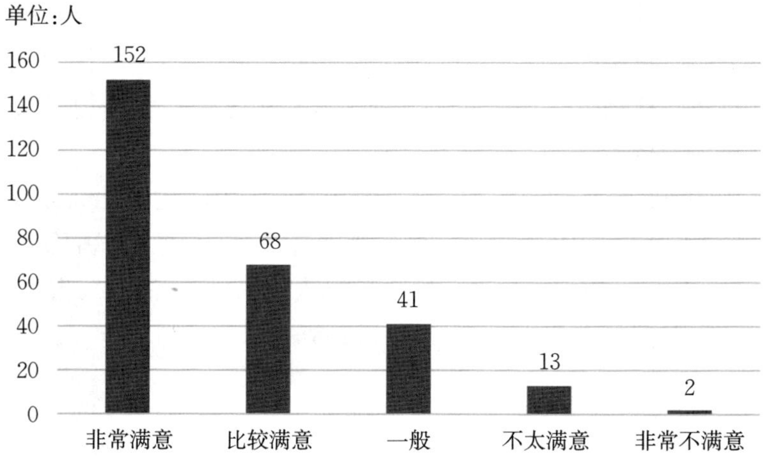

图4-14 教学内容实用性满意度统计

上述数据中,大部分受众青少年对于教学内容实用性给予了肯定,表明服务承接主体比较重视对于教学内容的实用性。

5. 教学手段创新性满意度统计

教学手段创新性是指区别于过去的教学手段和校内体育课堂的模式,采用多种新型教学手段,提高受众青少年训练的质量。由图4-15可知,参加本次调查的受众青少年中有43人对于教学手段创新性选择了“非常满意”,占比为15.6%,高达127名受众青少年表示“比较满意”,占比为46%。此外有70名受众青少年选择“一般”,占比为25.4%,26名受众青少年选择“不太满意”,占比为9.4%,10名受众青少年选择“非常不满意”,占比为3.6%。

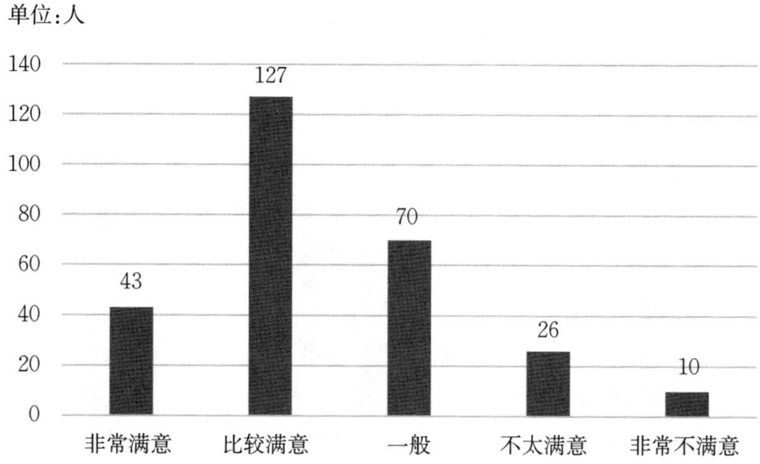

图4-15 教学手段创新性满意度统计

上述数据说明，服务承接主体在教学手段创新性方面做了一定准备，获得大部分受众青少年的认可。但在未来的训练中，服务承接主体仍应该不断创新教学手段，以便更好地满足受众青少年的需求。

6. 教学时间安排满意度统计

在本次武汉市政府购买青少年公共体育服务教学时间安排上，不同的服务承接主体时间安排也不同，最早的开始时间为早上8点，最晚的开始时间为晚上8点半，每次训练时间为一个半小时，总共12天训练时间。根据数据的统计结果（如图4-16），受众青少年对于本次武汉市政府购买青少年公共体育服务的教学时间安排满意度整体较低，仅有41名受众青少年选择“非常满意”，占比为14.9%，58名受众青少年选择“比较满意”，占比为21%，81名受众青少年选择“一般”，占比为29.3%，多达62名受众青少年选择“不太满意”，占比达到22.5%，还有34名受众青少年选择“非常不满意”，占比达到12.3%。

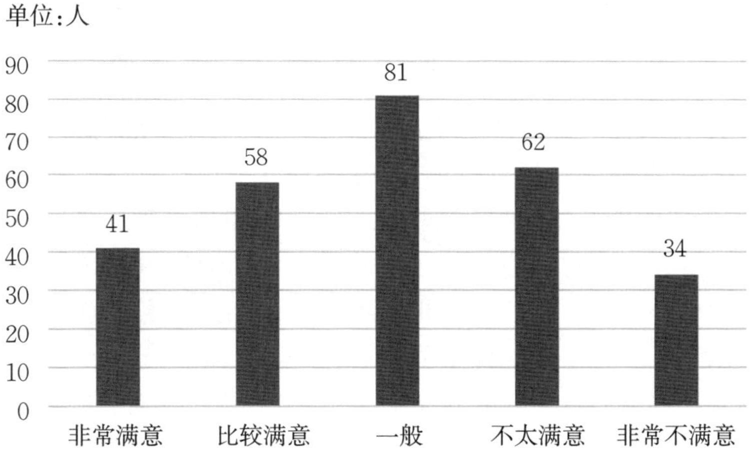

图4-16　教学时间安排满意度统计

上述数据说明，本次培训中青少年对于教学时间安排需求各不相同，大部分受众青少年对于教学时间的安排不是很满意，同时12天共计18个小时的教学时长并不能满足所有受众青少年的需求。未来在政府购买青少年公共体育服务活动中，应更加科学合理地安排教学时间。

（六）武汉市政府购买青少年公共体育服务满意度总体分析

整体满意度代表着受众青少年对本次武汉市政府购买青少年公共体育服务的综合评价。受众青少年对于本次武汉市政府购买青少年公共体育服务的整体满意度如图4-17所示，224名受众青少年选择了“非常满意”，占比为81.1%；43名受众青少年选择了“满意”，占比为15.6%；9名受众青少年选择了“一般”，占比为3.3%，没有受众青少年选择“不满意”和“非常不满意”。

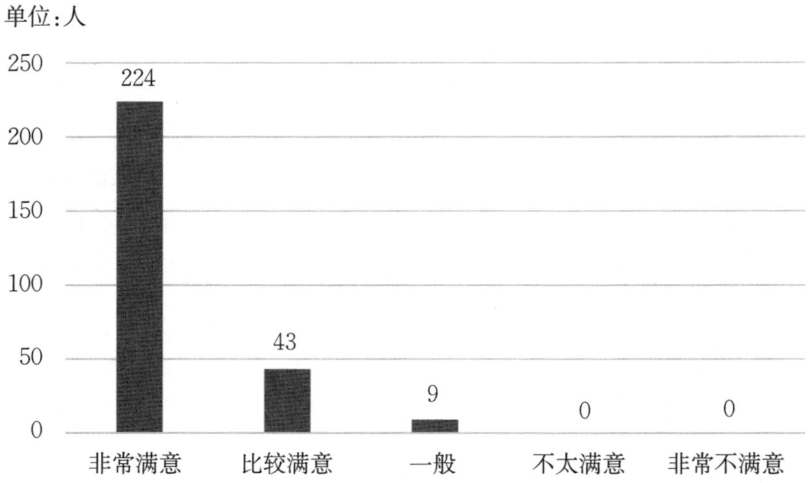

图4-17 武汉市政府购买青少年公共体育服务整体满意度统计

由上述数据可知，大部分受众青少年认为本次服务很好地满足了自己的体育需求，达到了自己的期望值，因此给予了肯定的评价。

综上所述，在本次武汉市政府购买青少年公共体育服务满意度评估中，针对该项目的服务对象，研究主要根据三个维度的服务满意度评估指标进行服务满意度评估，即对武汉市政府购买青少年公共体育服务承接主体硬件满意度评价、承接主体工作人员满意度评价、承接主体教学内容满意度评价。

在承接主体硬件满意度评价中，75%以上的受众青少年对于服务承接主体环境、运动设施、安全保障设施三方面都感到满意，不到7%的受众青少年对于上述三方面感到不满意；63%的受众青少年对于服务承接培训机构距离感到满意，同时有21%的受众青少年对于服务承接培训机构距离感到不满意，认为机构离家距离过远。

在承接主体工作人员满意度评价中，88.7%的受众青少年满意承接主体中教练员的教学讲解，86%的受众青少年满意教练员的技术水平，84%的受众青少年满意教练员的形象，此外，超过90%的受众青少年满意承接主体中其他工作人员的服务。综上，对于承接主体的教练员教学、技术、形象以及其他工作人员的服务方面，参加本次活动的大部分受众青少年都表示满意。

在承接主体教学内容满意度评价中，83.4%的受众青少年对于教学过程感到满意；88%的受众青少年对于教学效果感到满意；53%的受众青少年对于教学内容趣味性感到满意，17.3%的受众青少年则对教学趣味性感到不满意；79.6%的受众青少年对于教学内容实用性感到满意；61.6%的受众青少年对于教学手段创新性感到满意，13%的受众青少年则对教学手段创新性感到不满意；仅有35.8%的受众青少年对教学时间安排感到满意，而有34.9%的青少年则对此感到不满意。

第三节　政府购买青少年公共体育服务具体实施过程的社会成效

一、顶层设计嵌入实践运行，培养青少年掌握新的运动技能

公共体育服务改革与其他改革一样，必须由政府承担“元治理”的责任，在具体的改革中起主导作用。当前优化政府购买公共体育服务的政治生态可以从两个方面进行：一是通过方针、政策的制定，确立改革的方向，同时逐步做好立法规范的准备，因为法律的制定有一定的滞后性，应明确鼓励改革的尝试者，在全社会树立起允许试错、宽容失败的基调；二是利用政府强制性、责任性的特点，强化政府及体育管理部门的改革意识，明确改革责任，敢于打破既得利益群体的利益，协调国家、社会、市场、公众之间的利益，从国家治理的高度要求“必须切实转变政府职能，深化行政体制改革，创新行政管理方式，增强政府公信力和执行力，建设法治政府和服务型政府”，促进我国体育管理体制的深刻变革。当前我国政府购买公共体育服务中暴露出的某些问题，都是由于政府权力运行不规范造成的。这种不规范有两个表现：一是为了维护部门利益造成的不规范；二是为了个人利益造成的不规范。当前在政府购买公共体育服务改革中，规范权力运行成了一个重中之重的问题。首先，相关部门应理顺与社会、市场的关系，把简政放权“落地生根”，体育管理部门该退出的一定要坚决退出，扶持相关体育协会发挥作用，使政府、体育管理部门、市场、社会在政府购买公共体育服务中真正成为平等的主体。其次，要不断完善制度建设。尤其是结合购买公共体育服务的特点制定专门的制度，解决当前公共体育服务估价难、评估难、监管难的问题。随着政府购买公共体育服务范围的不断扩大，其中可能产生的问题尤其要引起重视，通过制度建设加强对权力运行中的监督和制约，将权力关进制度的笼子里。

武汉市政府购买青少年公共体育服务，有效帮助青少年学习一项新的体育运动技能。青少年们通过8—12天的学习，接触到足球、网球、篮球等十余种运动中的一种，其中有很多青少年是第一次接触该项运动，这次学习经历可能会激发他们的兴趣，让他们在购买服务结束后，继续去学习这项运动，成为他们的终身爱好。同时，在学习中教练和青少年家长也会发现部分有天赋的青少年。这些有运动天

赋的青少年可以选择继续接受专业运动培训，走向职业化道路，走向职业赛场，成为下一个中国体坛甚至世界体坛的新星。

政府购买公共体育服务的项目选择在一定程度上影响了公共体育服务的有效性。由于公共体育服务的受众群体庞大，所以大众对公共体育服务的项目喜好程度也有必要进行分类研究。目前综合类及奥运项目类的公共体育服务有效性更高，也反映出此类项目由于选择的多样化，发展较成熟，规则完善且普及率高，从而在项目服务过程中，服务方因为具备类似项目的经验，设备与器材，培训准备及制度设计更加合理，大众参与人数较多，因此有效性更高。所以，对于政府购买公共体育服务处于起步阶段的地区，应该先从综合类项目及奥运项目开始，逐步完善公共体育服务项目类型；对于政府购买公共体育服务发展较成熟的地区，应该在保持与提高综合类项目以及奥运项目服务质量的同时，提高非奥运项目的普及率以及完善相关规则制度等。另外，中央部门印发的《关于构建更高水平的全民健身公共服务体系的意见》提出，实施青少年体育活动促进计划，让每个青少年较好地掌握一项以上运动技能，培养运动项目人口。武汉市政府购买青少年公共体育服务是落实国家相关政策的有效途径之一，不仅能够让青少年学习一项运动技能，而且还能够让青少年寻找发现适合自己的体育运动项目，通过参与体育运动得到快乐，并长久地坚持下去，成为终身运动者。

在与受众青少年和家长访谈的过程中，部分内容涉及如何培养青少年运动技能，笔者将其整理后如下。需要说明的是，下文中的问卷编码“Q”指代对青少年的提问，问卷编码“J”指代对家长的提问，“1”“2”“3”等数字指代所调查样本的编号顺序，依据卷中问题与所撰写内容的符合程度进行选取与排列。

Q1：这次活动我选的运动项目是羽毛球，因为我的爸爸妈妈平时也会经常和朋友们一起出去打羽毛球，还会看羽毛球比赛，所以我这次想系统地学习打羽毛球，希望以后能和他们一起打羽毛球。

Q3：之前我一直不会游泳，正好这次有游泳培训服务，让我第一次真正接触到游泳。刚开始下水时我是非常害怕的，一直扶着游泳池的岸边，但是学习游泳一周之后，我已经完全不害怕了，并且可以用蛙泳泳姿游25米，教练夸我水性特别好。

Q6：我喜欢足球，平时会和同学一起踢，也会关注足球比赛，本来想报足球项目，但是今年我已经11岁了，年龄不符合报名足球项目的要求，所以我就选择了射箭项目，这个运动和足球完全不一样，要求我必须高度集中注意力，让我静下心来，保持专注力。刚开始总是射不中，感到很失落，但是在教练耐心指导下，我渐渐掌握射箭的技巧，感受到射箭运动的魅力，明白了保持专注的重要性。

Q8：参加这次活动，我知道了用足球还可以做很多游戏，教练会用足球安排不同种类的游戏和比赛，例如足球抢圈、带球障碍跑、足球接力赛，等等，上课时我感觉非常快乐。

J4：我的孩子已经连续两年参加这个活动了，去年报的是网球，今年报的是篮球，每年暑假孩子都能学习一项新的运动技能，而且还是不收费的，作为家长我感到特别高兴。

二、夯实青少年深度参与机制，发展人际交往能力

公共行政学理论认为公众参与是避免公共决策风险的有效途径。公共服务领域热衷于将公众参与作为应对市场失灵和政府失灵的重要手段。学术界普遍将政府购买公共体育服务分为“买什么”“怎么买”“向谁买”“如何评”等环节，整个过程涉及公民需求表达、内容确定、资金使用、商家选择、效果评价等多个环节，因此，需要建立相应的深度参与机制。所谓政府购买公共体育服务的公众深度参与机制，其实质是倡导公众参与政府购买的各个环节，在每个关键节点上发挥重要的监督审查职能。第一，建立公众体育偏好的调研机制，建立通畅的反馈渠道，例如开展听证会、座谈会、社区公众会议，以及设立公众意见反馈平台、公众号等，进而确保政府购买的公共体育产品符合绝大多数公众的体育需求，做到供需匹配。第二，建立公众参与政府购买公共体育服务决策参与机制，促使公众作为政府购买的受益主体委托第三方或者建设自身团队参与到决策目标的制定和决策项目审批过程，进而实现政府购买公共体育服务的价值取向与目标初衷相一致。第三，建立公民参与政府购买公共体育服务方案的抉择与评估机制，其主要目的是要公众了解并参与政府购买公共体育服务的流程，包括招投标、服务标准的制定、权责的划分等，进而避免公共服务领域经常出现的决策失误或者决策无能的弊病。第四，建立政府购买公共体育服务服务过程的监督控制机制，具体可通过公众满意度调查、公众关键人物反馈、举办听证会等方式进行，其目的在于使公众随时可以监督政府购买公共体育服务的质量，杜绝阳奉阴违、偷工减料等情况的发生，使实施过程透明化，增强政府的公信力。

武汉市政府购买青少年公共体育服务不仅让青少年们学习到运动技能、提高了身体素质，还促进了青少年群体的社会交往。青少年群体在公共体育服务中相聚在一个集体，群体的社交活动在潜移默化地通过运动进行，受众青少年不仅学到

了运动技能,还学会了如何与他人交往,如何尊重他人。

青少年群体首先和教练员建立起了学生和老师的关系,虚心学习教练员传授的运动技能,学会了和教练员进行沟通,反馈自身的情况;其次和队友们建立起了团队关系,在团队中学习如何团结互助,与人分享,最重要的是学会了包容队友;最后学会了如何处理和对手的关系,在和对手的竞技比赛中,做到场上是对手,场下是朋友,学会了尊重对手,同时积极和对手交流,汲取对手身上的技术优点,弥补自己身上的技术短板。

访谈中涉及青少年参与过程中人际互动的部分,整理后如下:

Q1:我们在练习羽毛球的时候,是需要和一个搭档一起进行练习的,刚开始由于我们技术不熟练加上不默契,很难连贯地打起来,导致我们互相埋怨。教练教育我们,搭档之间要多进行交流而不是埋怨,互相提醒存在的不足并虚心改正,才能不断进步。在我们不停地交流以及调整之后,终于可以连贯地打羽毛球了。

Q4:通过这次篮球培训服务,我不仅学到了很多篮球技术,还新认识了很多小伙伴。教练经常告诉我们,篮球是一个集体运动项目,打篮球的时候在场上一定要多和队友沟通,同时要学会包容队友的失误,团结才是取得比赛胜利的关键。

J1:孩子在这里除了可以练习足球,还可以跟其他小朋友一起交流,虽然每天只有两个小时,但是几天下来很快就成了好朋友,他们之间的关系看起来很融洽。孩子一旦有了新的朋友圈,暑假就不会觉得无聊了。

三、提升政府购买青少年公共体育服务水平,丰富青少年的暑期生活

政府购买公共体育服务的供给特征主要包含服务的覆盖面、开放度、均衡性、便捷性、多样性五个方面。目前,地方政府购买公共体育服务的模式主要有三种,分别是依赖关系非竞争性购买模式、独立关系非竞争性购买模式和独立关系竞争性购买模式。无论采取哪一种购买方式,政府都在其中扮演了极其重要的角色。因此,本书认为提升政府购买公共体育服务的质量水平需要做到如下方面。

第一,政府在购买公共体育服务过程中必须明确自身责任,以责任为主。首先,明确政府在购买公共体育服务过程中的责任,政府生产责任的转交并不意味着政府管理责任的移交,如果政府仅将自身的责任定位于社会组织管理的狭隘区间内,缩小自身的责任范围,甚至做“甩手掌柜”,那么将完全曲解政府从政府管理向

社会治理转变的意义。其次，明确政府所应该承担的职能范围，政府需要明确自身在购买公共服务中的职能范围，要厘清哪些职能应该由政府执行，哪些职能应该是市场提供，明确哪些服务必须要由政府提供，哪些服务可以完全放归市场，不能做被动买家，而应当做责任买主。

第二，培育体育社会组织，激发社会力量活力。根据《中国民政统计年鉴2022》的统计数据，截至2021年底，我国社会组织数量为901870个，其中教育领域社会组织有288341个，占社会组织总数量的32%；社会服务领域社会组织有137475个，占15.2%，文化领域社会组织76635个，占8.5%，体育领域社会组织60176个，仅占6.7%。[①]分析以上数据，虽然教育领域和社会服务领域的社会组织数量占了近一半，但我国能够承担公共体育服务任务的社会组织仍然占比很小，与发达国家人均占有体育社会组织比率相比尚有较大差距，体育社会组织的活力仍需提高。为了更好提升政府购买青少年公共体育服务水平，首先，需要强化社会力量的参与意识，积极鼓励和扶持有资质的各类企业参与。其次，拓展体育社会组织参与青少年公共体育服务的渠道，如各种听证会，社区公共事务讨论会，甚至是电视问政节目都适用于提升公共体育服务质量。再次，加快"体育事业单位"转型，将符合条件的事业单位转型为体育社会组织强化市场力量。最后，建立稳固的公共体育服务组织的激励机制和培育机制，激发市场活力，对有潜能的企业进行重点扶持。

第三，确保供给的覆盖面、便捷性、均衡性、可及性和多样性。首先，政府购买青少年公共体育服务的数量要满足青少年人群基本的体育需求，服务类别要匹配"供需"偏好，服务质量要适合青少年体育需求。其次，政府所购买的青少年公共体育服务在分配过程中坚持"公平正义"，有效照顾到青少年体育弱势群体或者弱势地区。最后，政府购买的青少年公共体育服务数量和类型与公民的心理预期应保持在可接受的范围，收费项目与公民的实际收入相符，免费项目要全部开放。

随着时代的发展，科技的进步，网络成为我国青少年重要的娱乐途径之一，部分青少年甚至网络成瘾。长时间使用电子屏幕造成青少年电脑视觉综合征、颈部疼痛、关节无菌性炎症等，不利于青少年身体发育。[②]

武汉市政府购买青少年公共体育服务，让青少年们在暑假期间远离电子屏幕，减少电子屏幕使用时间，让青少年将宝贵的暑假时间用于参加体育活动，通过参与体育活动得到精神享受，提高青少年的暑假生活质量，增强青少年的体质健康水平，培养了青少年的各种优秀品质，尤其是满足了青少年对于体育活动的需求，可谓一举多得。

---

① 中华人民共和国民政部.中国民政统计年鉴2022[M].北京：中国社会出版社，2022.

② 董晓莲，等.青少年游戏成瘾对健康的危害[J].上海预防医学，2022，34(05)：504—508.

访谈内容中涉及公共体育服务丰富了青少年的暑期生活的部分内容，整理后如下：

Q2：现在我们学校里特别流行踢足球，学校会经常组织足球比赛，我也特别喜欢踢足球。但是现在学校放暑假了，没有地方可以让我踢足球，也没有小伙伴可以一起踢足球。参加这次活动不仅能让我在暑假里和新的小伙伴一起踢足球感受快乐，在教练的指导下我的足球技术还得到进一步的提升。

Q3：这次活动中学会了蛙泳，这让我十分有成就感，也使我感受到了游泳时的快乐。但是12天的活动很快就要结束了，我请求家长让我继续学习游泳，他们也非常高兴地同意了，这个假期我学会蛙泳的同时，我的身体也变得更加强壮，以后我也会继续坚持游泳。

Q5：之前的假期我大部分时间都会在家看电视、玩游戏，这次放假后我就来到这里学习网球。我感觉练球的时间过得特别快，每次下课时我都期待下一次的网球课，这个网球课让我减少了假期在家看电视和玩游戏的时间，我感受到网球带给我更多的快乐，我感觉我喜欢上了打网球。

J3：孩子上午来这里学习射箭，下午又去参加游泳兴趣班，一天下来，孩子过得非常充实。我认为孩子在暑假中可以多参加活动，这样不仅可以释放孩子在上学时的压力，还可以丰富他的暑假生活。

J5：每次假期看到孩子长时间看电视、玩手机，就非常担心孩子的视力问题。今年成功报名政府购买青少年公共体育服务活动，不仅让孩子参加了运动，同时还让孩子减少了看电子屏幕的时间，增加了休息的时间。

四、增进青少年公共体育服务高质量发展，提高公众参与意识

公共体育权利是公民基本权利的重要组成部分，政府有责任、有义务为全体公民提供基本的公共体育服务，公众在公共体育服务的供给中，具有依法进行监督的权利。政府提供公共体育服务不是政府的恩赐，公众参与是民主权利的要求和体现，既是体育管理体制改革的要求，也是创新社会治理的要求。通过公众参与，可以提高公共体育服务的供给质量，增强服务与公众需求的契合度。公共体育服务是民生问题，公众参与是民主问题，根据现代政治的要求，民主和民生是密不可分的，尤其是在地方治理模式下，政府购买公共体育服务的投入、绩效等都与公众参与有着紧密的联系。从公众层面看，必须不断强化权利意识，确保社会大众能够不断享受政府购买公共体育服务的发展成果。当前，提高公众参与意识和参与能力

需要重点解决以下两个问题。一是不断提高公众专业技能。当前比较可行的办法是通过网络平台对公共体育服务的分类、特点、要求进行阐释,对具体的服务技能通过视频等方式进行传播。网络平台的建设要重视时效性和超前性,不要成为政绩工程,要真正成为提高公众公共体育服务专业技能的主阵地。二是不断完善配套制度建设,尤其是公众参与的激励机制建设,提高公众参与政府购买公共体育服务的主动性、积极性。通过社区、体育俱乐部、媒体等多种渠道进行宣传,尤其是抓住社区这个主战场,对各级政府的文件进行解读,不断提高公众的责任意识,使公众自觉、主动、积极地参与政府购买公共体育服务。

武汉市政府购买青少年公共体育服务,让受众青少年享受到了优质的体育服务。受到青少年参与体育活动的影响,越来越多的青少年家长逐渐形成了体育运动的意识,与青少年共同参与体育活动成为家庭中一项常态化的活动,促进了家庭体育的发展。

开展家庭体育活动能够帮助家庭成员们增强体质,提高免疫力,还能增加家庭成员之间的互动和交流,促进家庭稳定和谐,从而帮助社会进一步稳定和谐。此外,随着青少年体育需求的不断提升和经济的快速发展,当前青少年学习体育技能的成本逐渐提升,相关支出占据家庭支出的比例逐渐提升。武汉市政府购买青少年公共体育服务在满足青少年的体育需求的同时缓解了家庭的经济负担。

访谈中涉及家庭体育活动的部分内容,整理后如下:

Q7:自从来这里学习乒乓球,上午我会在这里跟着教练学习,回到家后爷爷还会继续带我练习课上学过的内容,我才发现我的爷爷打乒乓球这么厉害,我要好好学习乒乓球,球技一定要超越爷爷。

J2:我陪着孩子来上网球课,在一旁看着孩子认真学习打网球的样子,我感到非常地欣慰,同时我看着他打,渐渐地感觉网球很有意思,我也在考虑找个成年人的网球培训班报名,这样以后我们都学会了,平时我就可以和孩子一起打网球了。

J4:孩子在这里学篮球,回家后我可以带孩子一起打篮球,不知不觉中跟孩子的交流变得比以前更多了。

五、拓宽政策执行路径,促进体育人口的增长

政策执行的环境因素是政策能否有效执行的保障。目前我国依然属于发展中国家,资源短缺是造成区域之间公共体育服务供给失衡的重要因素。因此,在政策

执行环境方面需要做到的举措主要有以下四个方面:第一,拓展政策执行的资源渠道,破解单一的资源供给模式。在政府购买过程中政府投资毕竟是有限的,政府可以通过减免税费和广告宣传的方式邀请企业或者事业团体共同投资,既可以增加购买的数量,又可以扩大购买的影响力。第二,科学划分政策执行标准,根据不同地区经济、社会的实际情况给予差异化评定标准,提升政策执行科学性。第三,改善公民参与政府购买公共服务的参与环境,拓展参与渠道,杜绝"门难进、脸难看、事难办"的服务状态,积极吸收采纳公民建议,并对好的建议给予奖励,定期公示,提高公民的参与积极性。第四,提升政府部门的体育意识,优化体育政策环境。政府需将公共体育服务纳入政府绩效考核,并在体育绩效考核中占据重要地位,避免出现将公共体育服务做成面子工程。政府购买公共体育服务属于造福人民的公益性行为,虽然不能够带来明显的经济利益,但是直接关乎民众的身心健康和生活质量。尤其在当前的社会背景下,体育将会成为我国社会文明发展的重要推动力,优化政府购买公共体育服务的资源环境、参与环境以及体育环境尤为重要。

政府购买公共体育服务,首先要通过调查,了解社会公共需要什么样的公共体育服务,政府要明确购买服务的项目,明白"买什么";其次,需要根据各个地方政府的财政状况和当地的体育社会组织发展水平,确定"向谁买";再次,选择实施购买公共体育服务的程序,选择"如何买";最后,需要对所购买的公共体育服务的成效进行评价,了解政府、社会组织、人民群众等各个利益相关者是否满意,即了解"效果怎样"。在政府购买公共体育服务过程中,规范政府购买公共体育服务行为,可以从以下几个方面考虑。第一,构建阳光政府,建立购买公共体育服务的信息公开制度。通过网络、电视、报纸等渠道向社会公告,让社会公众或社会组织知道购买目录、购买价格、体育社会组织遴选程序、购买及中标程序、资金预算、满意度等信息。政府要加大宣传和调查力度,力争让社会公众参与其中,为人民群众提供他们真正需要的公共体育服务。第二,加强购买公共体育服务的合同管理。政府与体育社会组织或供应商签订合同,不仅作为政府财政预算和实施管理的依据,也是与体育社会组织或供应商进行收费的凭证。加强合同管理,可根据公共体育服务项目的不同特点,选择灵活多样的购买合同类型,规范合同的签订、变更、解除、作废流程。第三,出台绩效评价制度。政府作为购买方,向市场或社会组织购买公共服务项目后,仍要对项目实施过程进行监督,要对承接主体服务和财政资金等绩效进行评价。第四,建立健全监管体系。为确保政府购买公共体育服务更加公平、公正、高效,需要建立健全社会监督与政府内部监督相结合的监管体系。要增强政府官员的责任心,杜绝出现政府"寻租"现象,建立科学的问责制度。引入第三方专业评价监督机构或建立专家监督机制,也可以组成由消费者、提供者、购买者共同参与的内部互动监管委员会对服务进行评价和监督。能够做到以上方面，实现体育人口快速增长则指日可待。

体育人口是指“经常从事体育锻炼、进行专项体育训练及其他从事体育事业的人”①。发展体育人口作为建设体育强市的重要基石，《武汉市体育事业发展“十四五”规划》提出，到2025年，武汉市经常锻炼(每周参加三次以上)的人数占全市常住人口数的50%，以促进高质量体育强市建设。青少年是体育人口的主要组成部分，武汉市政府购买青少年公共体育服务，有利于充分调动受众青少年参与体育活动的积极性，让青少年感受各类体育项目的魅力，并养成主动参与体育运动的习惯。此外，武汉市政府通过培养受众青少年成为体育人口，间接辐射青少年群体身边的亲朋好友共同参与到体育活动中，从而带动武汉市体育人口的快速增长。与此同时，武汉市体育人口的增长，直接带动了武汉市的体育消费，包括购买体育服装、购买体育器械、观看体育赛事、租赁体育场地等方面，进而对武汉市经济的增长做出贡献。因此，武汉市政府购买青少年公共体育服务促进了武汉市体育人口的增长，同时对武汉体育强市的建设及体育消费的带动具有深远影响。

访谈内容中涉及促进体育人口的增长的部分，整理后如下：

Q5：我和父母约定好这次活动结束后，继续学习网球，保持一周三次网球课，父母还给我买了新的网球拍，虽然练网球很累，但是我一定要努力坚持下去。

J1：平时我也喜欢踢足球，看到孩子也爱踢足球，我感到十分高兴，只要孩子愿意，我会一直支持他练习足球。等以后孩子的足球技术达到了一定的水平，有机会我也会让孩子去参加足球比赛，让他亲身感受足球比赛的氛围。

六、体育社会组织发展壮大，承接公共体育服务能力不断强化

就社会组织目前的能力而言，要想很好地履行政府购买公共体育服务的职能，完美承接公共体育服务任务，最大化地向社会公众供给满意的公共体育服务，需要做到以下四点。第一，壮大社会组织自身“势力”。近年来，政府向社会组织购买公共体育服务的力度与日俱增，这也迫使社会组织必须壮大自身“势力”，做大做强，

① 中国群众体育现状调查课题组．中国群众体育现状调查与研究[M]．北京：北京体育大学出版社，1998．

以便更好地满足政府购买需求。再者,社会组织自身“势力”强大,就能够承接更大、更多、更广泛的公共体育服务项目,也能够满足广大民众日益增长的健康需求。第二,培育社会组织“一专多能”能力。“一专”,即培育专业的社会组织承接专项公共体育服务项目能力,例如足球社会组织承接足球的相关服务。“多能”,即培育社会组织承接多项公共体育服务项目的能力,例如足球社会组织还能承接篮球、排球、羽毛球等相关服务。第三,加强社会组织内部的治理。部分社会组织独立性的缺乏、主观价值的丧失,其实都与规范化缺失和治理不到位有关,如社会组织缺乏企业化和营利化的组织模式。因此,要建立规章制度强化社会组织的内部治理,保障社会组织的规范化运行。第四,接收社会力量援助。我国社会组织正面临发展危机,仅凭政府一己之力难以“治本”。要想发展,还需要依靠社会力量的援助,与相关企业单位合作,获取相应的资金支持。武汉市政府购买青少年公共体育服务促进了武汉市青少年社会体育组织的发展。承接武汉市政府购买青少年公共体育服务的社会组织由2018年的109个发展到2021年的175个,其中,越来越多运营如滑雪、射箭、其他水上运动、体操等新兴运动项目的社会体育组织在武汉市政府购买服务的支持下出现在青少年面前,这不仅能满足青少年多元化的体育需求,还能使武汉市青少年掀起学习新兴运动的潮流。武汉市政府购买公共体育服务帮助这些运营小众运动项目的社会组织实现发展壮大,也为更多因运动项目同质化而面临转型的青少年社会体育组织起到了引导作用,促使其在激烈的市场竞争中,转变体育服务内容,延续自身的发展。

体育社会组织只有不断发展,才能实现运动场馆、运动场地、运动设施以及运动器材的维护,才能在保留优秀教练员的同时继续招纳并培养新的教练员,最终形成良性循环的发展模式,从而在继续承接政府购买青少年公共体育服务的同时,致力于为青少年提供优质的体育服务,提升受众青少年的满意度。

访谈内容中涉及促进体育社会组织发展壮大的部分,整理后如下:

J2:我的孩子比较喜欢网球,这次正好年龄也符合,我就给孩子报了网球(项目)。之前也报过其他的网球培训班,对比下来这次的培训机构,场地设施条件更加让人满意,教练水平也很高,服务让人非常满意。总之培训机构越多,我们的选择也越多。

J3:之前我们真不知道还有射箭的体育服务机构能让孩子学习,虽然以后不一定会让孩子继续练习射箭,但是我还是希望能让孩子在成长的道路上了解并接触更多不同类型的运动。为孩子找到他真正喜欢并适合他的运动,是我们家长最大的心愿。

J4:希望明年还能参与这样的服务活动,也希望下次能给孩子报其他的项目,让他尝试一下。

第四节　武汉市政府购买青少年公共体育服务存在的问题

一、购买服务数量不足

2021年3月,武汉市教育局颁布《2020年武汉地区各级各类教育机构基本情况表》。根据其中的数据可知,2020年武汉市义务教育阶段的小学生在校人数为654455人,通常在校学生人数不会有巨大波动。而2021年武汉市政府购买青少年公共体育服务中服务青少年数量为15780人,约占65万人口的2.4%,由此可见,政府购买服务数量仅能满足一小部分青少年体育需求。

造成上述结果的原因主要有以下两点:第一,政府财政支出压力大,从2009年起,武汉市政府开始购买青少年公共体育服务并逐年扩大购买规模,财政支出也呈现出不断上升的趋势。因此,面对65万名青少年,仅仅依靠政府单一出资,是很难实现全面覆盖的。第二,承接服务主体数量有限,并不是武汉市所有体育培训主体都可以参与政府购买服务项目,即使所有提供体育培训的社会组织都参与政府购买服务项目,公共体育服务也会受到场地大小、教练数量等原因制约,影响青少年参加训练的实际人数。

二、购买服务时间安排不够合理

本次调查显示,35%的受众青少年对于本次武汉市政府购买青少年公共体育服务中训练时间安排较为不满意。

经过调查发现,具体原因包括以下两个方面。第一,有些训练安排在早上7点,时间过早,青少年不仅要早起吃早餐,而且还要保留大约30分钟的饭后消化时间,以便更好地参与运动训练。同时也有训练安排在晚上8点,青少年结束训练回家时间超过晚上10点,睡觉时间被迫推迟。训练时间安排过早或过晚都会直接影响青少年的睡眠时间,而青少年睡眠时间不足又会影响青少年的精神面貌、学习效果、身体健康和心理健康等。第二,本次武汉市政府购买青少年公共体育服务中冰雪项目训练时长8天,其余项目时长12天,但中间都没有安排休息日。连续训练12天,会使6—12岁的青少年身体和精神双重疲惫,身体负荷过大,导致青少年受伤风险性增大;精神负荷过大,容易让青少年产生对训练的厌倦感,甚至产生放弃的念头,此外连续训练也占用了青少年参与其他社会活动的时间。①

三、购买服务承接主体能力参差不齐

通过调研发现,政府购买青少年公共体育服务过程中承接主体的承接能力参差不齐。现阶段,我国政府购买公共服务中承接主体的市场准入标准较低,民营非企业性质的承接主体之间实力差距较大,政府对承接主体的选择主要是通过公开招标,而对承接主体的经营管理、教练员信息、场地环境等了解较少。有些能力较差的承接主体通过低价竞争取得活动承接权,但在活动开展过程中,这些承接主体由于教练员个人能力、场地容纳情况有限等导致培训青少年体育技能效果差,青少年满意度低,最终没能达到政府所预期的效果。当前武汉市体育服务承接主体较多,同类型承接主体之间竞争激烈。承接主体在承接政府购买青少年公共体育服务时呈现出竞争关系,为增加本企业中标概率,各承接主体之间不会进行信息共享,因此,在政府招标过程中会出现局限性,也无益于承接主体间资质参差不齐现状的改善。

四、购买服务缺乏完善的服务评价与监督体系

通过调研发现,武汉市政府购买青少年公共体育服务评价体系还不够完善。首先,政府购买青少年公共体育服务绩效评估相关法律法规不健全,造成规范程度低,实际操作中随意性较大。其次,政府购买青少年公共体育服务的绩效评估指标不全面,武汉市政府尚未对服务主体提供的服务采取统一指标进行评估。最后,绩效评估整体性和具体性有待提高。武汉市政府购买青少年公共体育服务后,应重点关注青少年在享受购买服务过程中和享受购买服务后的满意度,针对调查结果进行政策上或执行中的优化,以提高服务质量。

① 米靖.中国青少年训练存在问题与未来出路[J].成都体育学院学报,2016,42(05):77—82.

第五章　政府购买青少年公共体育服务的国外经验——以英国为例

随着经济全球化和政治民主化的发展,政府购买青少年公共体育服务成为现代政府职能的重要组成部分。能否满足青少年日益增长的公共服务需求,提供优质、高效的公共体育服务,成为衡量一个国家治理能力的重要标准。改革开放以来,适应国内社会经济与政治形势的巨大变化,中国政府购买公共体育服务发生深刻变革。在此过程中,西方国家公共服务改革的实践对我国产生了明显的影响。在政府购买青少年公共体育服务的改革过程中,了解西方国家的改革实践,总结其有益经验和教训是非常有必要的。本章将以英国政府购买青少年公共体育服务实践作为样本进行讨论。

第一节　英国政府购买青少年公共体育服务的立论动因

一、时代背景:信息化和经济全球化的迅速发展

随着信息化和经济全球化的迅猛发展,各国政府迫切需要对政府管理体制进行相应的改革,这是在新发展形势下所面临以及迫切需要解决的共同问题。英国是工业革命的发生地,也是现代体育的起源地,其公共体育服务发展方式的演进过程,其实是欧洲国家认识与发展公共体育服务的缩影。随着英国工业化和城市化进程的迅猛推进,生产力大幅增长,城市人口拥有传统农业社会的收入保障,失业以及因年老丧失工作能力而产生的各种风险相应减弱,在这一时期人们的温饱等问题已经得到了一定的满足。同时,英国是世界上最早实现工业化的国家。在工业化的进程中,15—16世纪的英国社会出现了前所未有的“贫困积累”,面临着社会不稳定和赤贫等问题。日益激烈和频繁的暴动,严重危及正常的阶级统治秩序。鉴于此,英国在1601年颁布的《伊丽莎白济贫法》将分散性、应急性的救济事务转化为国家的一项基本职能。[①]《济贫法》的救济对象有三类:一是有劳动能力的贫民,二是无劳动能力的贫民,三是无依无靠的孤儿。它采取的救济方式是:设立教

---

① 石国亮,张超,徐子梁.国外公共服务理论与实践[M].北京:中国言实出版社,2011.

区的贫民监督官和教区济贫委员会，建立贫民教养院、贫民习艺所，贫民救济院收养或资助老人、残疾人等丧失劳动力的人，从富裕地区征税补贴贫困地区。英国的《伊丽莎白济贫法》最早承认了国家对于个体负有社会责任，是现代国家公共服务和社会保障制度的萌芽，这一法规源于美好理念、始于济贫实践又被视作文明社会多面向性的产物，给人勾勒出一种乌托邦和美好生活的蓝图，这一法案的通过实施进一步促进了后续英国公共服务体系建设的持续推进，其中自然包括公共体育服务，为深入实行青少年公共体育服务奠定了良好的基础。

二、内部治理：政府职能扩张的弊端和矛盾突出

从实践上看，从20世纪70年代末80年代初开始，国外发生了一场声势浩大、影响广泛、至今余波未息的政府管理改革浪潮。改革浪潮最先发端于英美两国，很快就席卷了世界上大部分国家。解决的核心问题是提高政府管理能力和服务效能。从16到17世纪资本主义生产关系在西方国家占据主导地位到20世纪30年代初期，西方国家政府管理的基本特征是自由放任，其主导思想就是“管得最少的政府就是最好的政府”。在英国，传统济贫法指导下的社会政策未能有效预防和缓解社会问题。并且，传统济贫法在基本理念与原则上的错误诱发和加剧英国的失业和贫困等社会问题，这迫使英国政府采取有效的社会政策加以防范，也使得英国更加广泛地正视社会问题，尝试运用更多的社会力量参与英国的社会治理，政府的职能也开始进行转变。[①]欧洲各国政府职能扩张，主要始于二战结束后“福利国家”的建立。伴随政府职能的扩张以及政府规模的不断扩大，政府机构数量、政府雇员数量、政府开支占国民收入的比重都急剧膨胀。此后又有新的公共管理领域不断出现，例如环境保护、科技发展等，都要求政府增加管理职能。西方发达国家如此，大多数发展中国家政府职能扩张的过程和情况也大致如此。这种情况持续到20世纪70年代，政府职能扩张的弊端和矛盾日益突出，财政支出压力、社会活力减退、官僚主义、浪费和效能低下等一系列问题都被现实地尖锐地披露了出来，以至于各国普遍出现了所谓的财政危机、管理危机、信任危机。[②]

从20世纪70年代起，英国“福利政策”的弊端开始显现，其中最直接的便是国家社会福利支出日益攀升，而经济增长却长期低迷，致使政府的财政赤字逐年增

① 丁建定，谌基东.19世纪中期英国社会救济中的自助理念与实践——兼论社会工作“助人自助”价值理念的时代性[J].社会工作，2022(04)：1—12+100.

② 朴炳铉.社会福利与文化——用文化解析社会福利的发展[M].高春兰，等，译.北京：商务印书馆，2012.

加。而政府财政赤字增长，又迫使政府减少社会福利的支出，使得民众对公共服务的满意度也持续走低。1979年，撒切尔政府摒弃战后一直奉行的以扩大政府开支来刺激消费带动经济增长的凯恩斯主义经济政策，转而推行以货币主义和供应学派为指导的新自由主义经济政策，强调发挥市场的刺激作用，减少国家干预。[①]表现在社会政策上，就是政府不再承担满足大众社会需求的职能，甚至一些基本的社会福利需要也不再由政府供给，其中也包括民众的体育需求。新自由主义政策倡导将商业的管理技巧移植到公共服务的管理中。[②]在倡导公共体育服务民营化的举措上，最著名的就是"强制性竞标政策"，即通过市场竞争增加服务者的选择，原本由政府直接提供或支持的服务，改为以竞标的方式向包括私营机构在内的服务提供者出售，从而减少政府投入的无效浪费。[③]然而，商业主义在公共服务领域的泛滥也不断侵蚀着公共体育服务公平性与全民性的追求。因为商业管理模式使得公共服务价格不断攀升，致使很多底层、中下层人士无法享受到应得的社会福利。[④]

新自由主义政策导向改变了英国传统的"从摇篮到坟墓式"的福利制度，使得政府的财政赤字得到一定程度的缓解。然而，新自由主义政策所带来的商业化却不断侵蚀着公共服务的公平性根基。为了在两者之间寻找一种平衡，以布莱尔为首的新工党政府提出"第三道路"的执政模式。[⑤]它一方面强调用商业化的模式管理公共体育服务，另一方面也强调政府的宏观调控作用。并结合"新公共管理理论"和"社区与地方治理"的理念，提出"最佳价值"政策，进而代替"强制性竞标政策"。"最佳价值"政策主要是将理性规划、参与和评估引入地方政府公共服务管理中来，注重绩效管理评估和外部监测，强调公共服务中的社区参与，试图构建政府与社区的伙伴关系。[⑥]

---

① 徐通．英国福利制度与大众体育政策演变[J]．体育文化导刊，2008(04)：110—111+118.

② Mick Green. Governing under advanced liberalism：Sport policy and the social investment state [J]. Policy Sciences，2007，40(1)：55-71.

③ David Farnham，Sylvia Horton. Managing the new public services[M]. London：Macmillan，1996：24-26.

④ Tim Reddel. Third way social governance：Where is the SATE?[J]. Australian Journal of Social Issues，2004，39(2)：129.

⑤ 王志威．英国社区体育发展研究——基于整合性与建构性理念[J]．体育与科学，2011，32(6)：10—15.

⑥ Government，voluntary and community sector agree new Compact for working in partnership [EB/OL].(2010-12-14)[2022-10-15].

从以上综述可以看出:英国的公共体育服务发展理念先后经过“福利国家”模式、“新自由主义”模式和“第三条道路”模式,这些发展理念上的变迁与其国内经济、政治的发展紧密相关。然而,不管是“福利国家”模式还是“新自由主义”模式,抑或是后来提出的“第三条道路”模式,有一条根本性的原则始终贯穿其中,那就是如何在减少政府财政压力的基础上,最大化提升公共体育服务的质量与数量。因此,建立完善良好的公共服务体系的呼声越来越高。

三、现实需求:青少年公共体育服务需求尚待满足

政府存在的基本要求之一,就是处置公共事务以满足公众需求,促进社会的稳定和发展。行政国家的公共管理,就是政府通过财政支撑社会管理与公共服务,政府是社会管理与公共服务的唯一主体,行使单向度的行政权力,行政权力无所不包、行政权力无所不在。虽然行政国家塑造了自己的辉煌,但在现代社会经济快速发展和民主浪潮高起的态势下[①],行政国家的公共管理模式面临着一个无法解决的问题,即公共服务需求的快速增长与政府财政能力有限的矛盾。在第二次世界大战前,体育并未纳入到英国的福利体系内,而被认为是公民自身的娱乐行为。第二次世界大战结束后,随着经济发展和社会进步,西方国家在高福利制度引导下,公众的公共体育服务需求日益增多。行政管理学理论认为,政府是提供公共体育服务的唯一主体,向全社会成员提供公共体育服务是政府的基本职能,为此政府只有通过增加相关的机构去满足公众的需求,这样持续下去就导致政府承担公共体育服务职能的机构愈来愈多,政府的雇员越来越多,庞大的支出给政府造成了巨大的负担。[②]在英国,撒切尔政府开始反思传统的资本主义制度,并注重对大众福利的建设,以缓解日益尖锐的公共服务供需不平衡的冲突。其中,青少年公共体育服务需求尤为突出,这一需求的急速扩张深深影响了英国的政治和经济,英国积极进行改革,先后掀起了所谓“新公共管理”改革热潮,为后续政府更合理供给公共体育服务奠定了重要基石。

四、基础保障:社会组织深入发展且作用日益增强

英国的地方性政府机构可以自己组织生产部门提供公共服务的生产,也可以

① 崔运武.论当代公共管理变革与学科专业发展和教材建设[J].云南行政学院学报,2016,18(04):135—138.

② 王浦劬,[美]莱斯特·M.萨拉蒙,等.政府向社会组织购买公共服务研究[M].北京:北京大学出版社,2010.

从其他生产者那里购买政府所需的公共服务，或者同其他组织一起共同生产公共服务。[①]政府购买公共体育服务的理论基础是新公共管理和新公共服务理论。该理论认为，政府购买公共服务的行为可以加快构建服务型政府的步伐，通过在购买过程中引入竞争机制可以有效降低公共服务生产的成本，社会组织因为扎根在基层可以更好地为公众提供品种多样、更专业和高质量的公共服务。政府通过购买活动，可以有效避免机构臃肿，降低政府机构运营的成本，更好地回应公众的需求，增加公众对政府的满意度和提高政府的权威性，同时，正是社会组织的日益强大，内部组织系统的逐步完善，促使英国政府的公共服务政策能够更好实施，其中公共体育服务通过体育相关组织逐步建立进而推动公共体育服务承接的方式得以保障。

英国是政府引导型社会组织能力建设的典型国家。从社会组织承接政府公共服务职能的动态过程看，主要有公共服务的转移者、承接者和受益者三类主体，这三大主体之间的关系主要体现为政府公共服务职能的"转承"机制和"接供"模式[②]（如图5-1），英国的社会组织能力建设采取了政府与英国志愿部门联合会(NCVO)共同协作和推进的合作主义的、自上而下的、内外结合且有一定伙伴关系和社区基础的实施途径。1998年工党政府与志愿部门联合会共同建立了《政府与志愿及社区组织关系协定》，明确了双方的合作形式及其社会意义。2002年，英国财政部对社会组织能力进行评估并提出了资助的必要性；2004年，英国政府推出了以"转变"(Change-Up)为内容的能力建设项目，为社会组织提供财务、治理等六个方面的能力支持；2006年，英国政府推出了"能力建设者"项目，到2008年已投入7000万英镑的资金，并且还确立了至2011年应实现的五大战略目标。

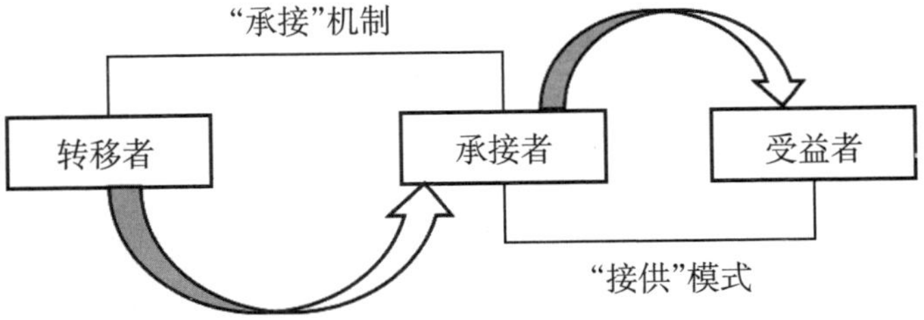

图5-1　社会组织承接政府公共服务职能的动态分析框架

① 迈克尔·迈金尼斯.多中心体制与地方公共经济[M].上海:上海三联书店，2000.

② 曾维和，元瑾.发达国家社会组织承接政府公共服务职能探讨[J].华中科技大学学报(社会科学版)，2015，29(05):54—61.

第二节 英国政府购买青少年公共体育服务的发展历程

英国是世界上第一个宣布建成“福利国家”的国家。1975年英国政府发布的《体育和娱乐》白皮书中确定了体育和娱乐在福利国家的合法地位。政府非常重视对体育的投入，地方政府都力争为当地居民提供最好的体育设施，由地方当局兴建的体育和娱乐中心由1970年的4处迅速上升到20世纪70年代末的1000处。①英国文化、媒介与体育部是主管全国体育工作的政府部门。但它并不直接实施对体育的管理，而是通过与政府其他部门的合作以及与体育非营利组织的合作，来实现政府对大众体育的承诺。英国政府体育管理体制如图5-2，其公共体育服务的主要管理主体是英国体育理事会(Sport England)。虽然英国公共体育服务管理体系由四个区域理事会构成，但由于英格兰地域最大、人口最多，因此，相比于另外三个区域理事会，英格兰体育理事会无论在资源获取还是公共政策推行方面，都占有很大优势。

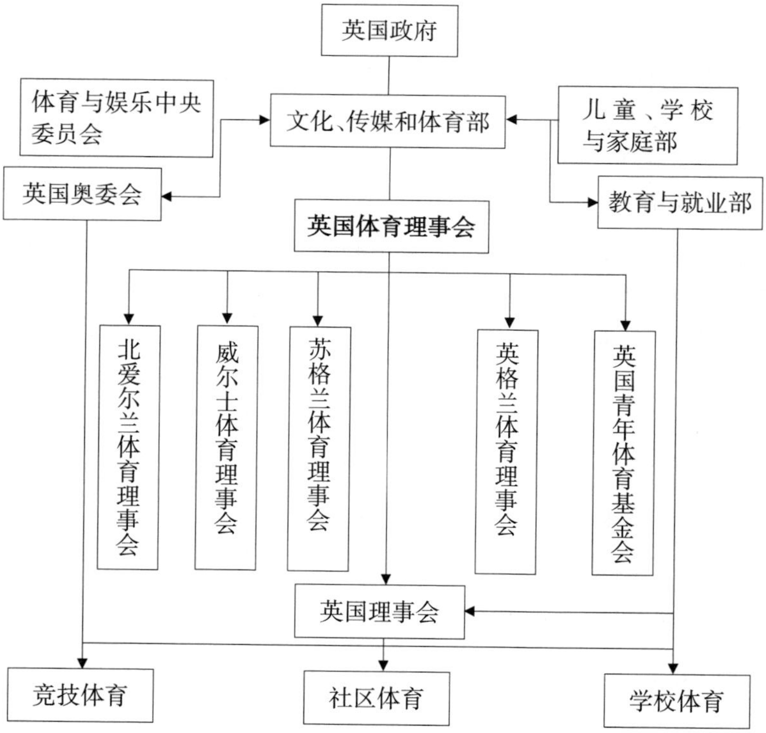

图5-2 英国政府体育管理体制

① 凯文·希尔顿，等.体育发展：政策、过程与实践[M].北京：北京体育大学出版社，2007.

英国所有体育事务均由一个专门独立的政府体育主管部门管理，只要涉及体育的事务都由政府体育主管部门管理，政府体育主管部门对体育建设、发展和管理只进行宏观政策指导和财政拨款，而不直接插手具体的体育事务和体育经费的分配。近年来，英国政府通过横向上集权、纵向上分权的体育管理改革，探寻政府在"不能不管"和"不能多管"之间的平衡，有力推动了公共体育服务体系的建设。

一、青少年公共体育服务政策体系的协同完善

英国由于工业化完成得较早，对人力资源的实践解放较为彻底，社会居民的闲暇时间较多，具备了产生现代体育运动的条件。在英国，民众参与体育运动具有较好的社会氛围，政府也通过积极的公共政策来推动公共体育服务的发展。而同时，英国政府对青少年体育参与也十分重视，在此背景下，出台了一系列青少年公共体育服务政策以期能够产生最大效益。在短期内顺势提升青少年身体素质，实现了其身心健康的良性发展。

英国是实行政府购买公共体育服务行为较多且比较成功的国家，政府购买公共体育服务的活动很早就和体育社会组织结合在一起。16世纪末17世纪初，政府就通过立法，明确体育社会组织承担公共体育服务的合法性，对政府购买公共体育服务进行了详细的说明。1982年，英国政府发布的《未来十年的全民体育》更是设定了政府采购的参数和标准，促进了社会组织提供公共服务质量的提高。紧随其后，政府购买青少年公共体育服务的一系列相关政策相继推出（见表5-1），形成多元政策制定机制，各政策协同配合、相互补充，鼓励国民从幼儿时期参与体育运动，为青少年养成体育运动习惯创造了较为完备的公共服务环境。

表5-1　英国部分涉及青少年公共体育服务的政策及内容简述

时间	政策名称	政策相关内容
20世纪60年代	体育与社区	保守党政府宣布对民办体育俱乐部增加财政援助
1972年	体育供给计划	树立了英国未来十年的体育发展目标：到1981年，在英格兰、北爱尔兰和威尔士建好800个室内体育场500个室内游泳池以及一些高尔夫球场和其他专用体育场地设施，并要求地方政府努力弥补所属地区现有体育设施与既定目标间的差距

续表

时间	政策名称	政策相关内容
1982年	未来十年的全民体育	规划了未来十年的发展目标:在大众体育参与设施方面,计划重新整修200个体育设施,新建50个游泳池、800个体育厅、682个低成本基本设施、1977个转换设施;新建3000个游戏场并提高配套设施;增加户外运动能够利用的土地、空气和水资源等。在体育参与人群方面制定了具体的人数量化目标:室内运动增加100万个女性和20万个男性参与者,女性户外运动者增加90万,男性增加30万,参与的目标群体主要集中在13—24岁和45—59岁
1988年	20世纪90年代的社区体育:1988—1993发展战略量化目标	优先发展1982年战略的重点项目中进展比较缓慢的项目,并对目标群体的体育参与度和相关体育设施等提出了量化目标
1995年	体育:发展游戏	体现了英国政府对竞技体育发展态度的关键转变,该政策倾向于发展精英体育和在英国社会中占据重要地位的体育项目,而大众参与的体育建设则被转交给地方负责,地方政府主导大众体育的地位被进一步确立
2000年	全民体育未来	使不同年龄、不同社会阶层的人参与体育运动;修补损坏的运动场地以及修建露天体育场所;开通运动咨询热线;建立体育俱乐部辐射网络;提供1.25亿资金帮助城乡社区创建新的体育设施或者提高现有体育场馆的开放程度和利用率;加大资金的投入,体育彩票收入的75%将投入到社区体育中;地方政府、体育俱乐部、体育管理组织、体育协会在提供体育参与机会以及体育设施、器材等方面扮演着重要的角色
2002年	游戏计划	在大众体育参与方面,政府的总体目标是提高所有人的参与水平,但焦点应集中在优先目标群体、社会中的经济弱势群体;政府通过提高体育服务的质量和数量以达到扩大体育参与人口的目标;倡导英国政府、体育理事会、地区体育管理会、乡村体育委员会等相关部门联合行动以共同发展体育
2008年	英格兰体育战略(2008—2011)	到2012年或2013年能实现以下发展目标:100万人口参与更多的体育运动。至少在5个关键的运动项目上,1—18岁间中断体育活动的人数减少25%。至少改善25个运动项目的后备人才培养体系。增加人们体育体验的满意度,并第一次提出了可量化的目标。强调升级、改建、维修现有体育场地设施,建立标志性设施,并作为奥运遗产永久保留。鼓励人们在当地开展体育运动,招募、培训、安排4万名体育带头人作为下一代的体育志愿者,组织和领导基层体育活动。创造运动机会和挑战,让每个人都有机会成为大众参与遗产的一部分
2008年	学校体育伙伴关系计划	在2008—2011年间对体育教育、体育俱乐部链战略的投资超过7.55亿英镑,以及对学校相关体育设施的投资达到6.86亿英镑

续表

时间	政策名称	政策相关内容
2009年	“改变生活”公共卫生计划	解决部分公民肥胖的问题；建立“改变生活”体育俱乐部，目的是增强缺乏运动的中小学生的体质
2015年	活着的遗产：2010—2015体育政策与投资	完善政策体系，推出《运动越多，生活越好》计划，发布《新的青年和社区体育五年战略》，以实现创造体育生活习惯这一目标；改善体育设施，英国政府向俱乐部、学校、地方当局、志愿组织以及其他机构提议、提供支持和资助；优化服务保障，鼓励受资助运动员回馈社区，激励更多的青少儿参与体育运动，倡导学校运动会，为小学引入体育保险
2015年	体育未来——积极国家的新战略	确立多政府部门、多组织之间合作，全力支持青少年儿童体育，在体育设施、学校体育、体育活动赛事、精英体育等方面保证资金投入；通过学校与社区体育俱乐部合作，开展学校运动会为青少年提供参与竞技体育的机会，并从中选拔精英人才
2019年	学校体育与身体活动行动计划	学校、家长以及体育部门必须共同努力，以确保青少年每天拥有60分钟的体育活动时间，其中应在学校里进行至少30分钟的体育活动，剩余30分钟体育活动可以在校外青少年所属社区或高质量体育俱乐部中进行。为保证该目标的顺利实现，学校需要审查青少年体育课的开展情况，体育部门与俱乐部合作，为青少年参与体育俱乐部的活动提供保障。保证体育活动时间是青少年参与体育活动的基础，一切的行动都应建立在青少年拥有充足的体育活动时间上，为此，需要赋予所有青少年平等的体育活动机会，帮助参与体育活动失去信心的青少年重拾自信、提升幸福感。让全体青少年平等地参与体育活动，能够全面提升青少年身体素质，从而提升国民体质健康水平；围绕青少年身体素养设计体育活动方案，旨在培养青少年参与体育活动动机，让青少年专注于享受体育活动带来的乐趣，帮助青少年理解参与体育活动的意义

二、青少年公共体育服务组织的通力合作

英国是世界上志愿服务萌发最早、发展最成熟、成效最显著的国家之一，英国政府通过制定一系列政策和委托项目给志愿组织，以支持志愿服务事业发展。英国体育的发展在很大程度上是依靠体育非营利组织（社会体育服务组织）发挥作用的。这些社会体育服务组织从范围上可以分为全国性的、地区性的和基层的非营利组织。英国的基层体育非营利组织主要由成千上万个体育俱乐部和各种单项运动协会构成，所有这些组织的工作人员基本上都是兼职和义务的，而且不领取报酬。这些组织的活动经费主要来自当地政府和体育理事会的资助，还有可能来源

于社会捐助和商业赞助，这些组织一般没有自己的体育场地，大多是租借学校、社区的场地。推动群众体育发展的任务主要是由英国地方政府承担，他们的主要职责是对农村等地区大众体育场地设施的修建、管理及其维护。1971—1991年，英国地方政府修建的游泳池数量由500个增至1300个以上。1979—1993年间，在大众体育的体育管理方面，英国政府主要承担场地设施的提供与服务，同时与地方体育理事会、单项协会、俱乐部、商业组织密切协作，共同推动大众体育的发展。英国俱乐部中绝大多数是非营利性的，这些俱乐部的工作人员基本都是兼职或义务的。英国国内共有415个单项体育运动协会，除了少数工作人员为专职，其余都是兼职或志愿者。英国体操协会有13个区级体操协会，其中的成员都是志愿成员。①

为了解决大众体育志愿者队伍发展的问题，1996年英国对大众志愿服务状况展开了全国性的调查，并在调查论证的基础上，针对英国大众体育志愿服务中存在的问题，于1997年制定了《体育志愿参与计划》（"Volunteer: Investment Program",VIP），以此引导英国大众体育志愿者队伍的建设与发展。VIP计划的目的是培养体育服务的志愿者，促进大众体育的发展，原则是"志愿者任用—强化志愿服务动机—继续使用"。VIP计划的内容主要包括以下四个方面：提供信息；培养进修；社会认识和表彰；组织支持。②VIP计划的出台为英国体育志愿管理提供了依据。

在英国，社会组织部门与政府有着长期建立起来的紧密的工作关系。从法律角度讲，16世纪末17世纪初的立法规定了这些部门提供社会服务的重要性。1601年的《慈善使用条例》和16世纪末期的《伊丽莎白济贫法》都表明，政府在一定意义上早就趋向于依靠慈善机构承担社会服务。这种良好关系的悠久历史使英国在很大程度上与法国相异，在法国，政府与社会组织部门的紧张关系持续了许多世纪。为简明起见，本项国别研究仅仅关注联合王国中的英格兰部分。当然在北爱尔兰、苏格兰和威尔士，这种良好关系也同样存在。目前，英格兰具有发达的治理和监督社会组织的体系以服务于社会组织与各级政府间关系。英国在许多方面对民间部门十分友好，这一点大多数国家都做不到：国家甚至专门在内阁中设置了一个第三部门部长（第三部长是第三部门办公室的领导者）。正如前文所指出的，经过政府与社会组织部门谈判而来的"合同"，以及影响政府与这些组织之间关系的各种方式，对于英国的外包成功具有重要意义。

---

① 国家体育总局政策法规司．他山之石：国外、境外体育考察报告选编[M]．国家体育总局政策法规司，2000.

② 陈琳．各国体育志愿者概况及培养政策[J]．中外群众体育信息，2002(12)：12—15.

英格兰和威尔士慈善委员会在这些组织与政府合作提供非营利社会服务的过程中,也起到了建设性作用。尽管慈善委员会并不直接参与外包服务,但它制定了一个关于会计规范的《推荐实务公告》,该公告可以帮助把服务外包给社会组织的政府机构对社会组织进行有效监督和评估。进而言之,在英格兰,慈善委员会在支持社会组织方面起到了不可小觑的作用。此外,一种被称为英国伙伴关系的公私关系(PUK)也具有特定的功能,可以鼓励社会服务部门(如卫生和教育)之间合作关系的发展。

三、青少年公共体育服务管理的市场化改革

英国是较早实行公共体育服务市场化改革的国家。从1979年开始,英国政府对公共服务领域进行了大幅度的改革,相应的体育管理体制也发生了重大变革,私有化和市场被逐步引入,政府不直接介入体育管理。1988年,英国政府在强制竞争投标法中明确要求地方政府和社区体育中心的公共服务不能由政府机构经营,必须通过公开招标的方式,转让经营权和管理权,让企业及其他社会主体积极参与社区体育服务的提供。在公共体育服务方面,政府的主要任务变为对市场和其他体育组织的监督和协调。[①]1997年,英国政府曾经成立足球特别工作组,但在自治组织的不断抗议下,两年半后该组织被迫解散。文化、媒介和体育部下设的体育和娱乐司属于公共体育服务管理的官方机构,直接接收财政部下拨的公共体育服务资金,但该机构对这些资金并不进行直接管理,而是交给地方体育理事会,以市场竞争的方式通过体育非营利组织提供公共体育服务,政府基本不直接提供公共体育服务,其供给主要通过"强制性竞标"的方式来完成。经过一系列的公共服务供给改革政策的发展,如今,英国各类供给主体,包括私人主体、各类社会组织主体都已经广泛深入参与供给各种公共体育服务,在青少年公共体育服务供给中,也广泛与政府相互协作为英国青少年群体提供包括各种体育运动技能培训、体育活动开展、体育服务信息等在内的多种公共体育服务。

四、青少年公共体育服务资金供给的多元化趋势

英国政府对公共体育服务的资助形式有三种:一是体育理事会通过中介组织根据体育发展需要划拨财政资金支持体育组织,而不是直接向体育组织提供资金,拨款成为政府间接管理公共体育服务的方式,由体育理事会执行公共体育政策,以

---

① Jon Pierre, B. Guy Peters. Governance, politics and the state[M]. Bloomsbury Publishing, 2020.

实现公共体育服务目标。二是调动体育社会组织进入公共体育服务领域。各地方体育理事会通常采用设立基金或补助金的形式向社区、体育社会组织、当地政府拨款，进行公共体育服务供给，而接受拨款的个人、社团和组织将更多的资金配置到各个公共体育服务项目，例如威尔士体育理事会投入232万英镑用于提高威尔士公民的体育参与率，有10个体育社会组织通过项目申请的方式获得了资金资助，每个体育社会组织又在承担的公共体育服务项目上增加资金投入，使项目投资达到360万英镑。①三是充分调动英国各地方政府资助公共体育服务的积极性。英国中央政府对公共体育服务的财政拨款是有限的，通过分权改革，地方政府获得了一定程度的自治权力，也激发了地方政府对公共体育服务资金投入的积极性，例如北爱尔兰在社区体育计划中，在2006—2007年投入70万英镑，却获得了额外的107.41万英镑的税收资助，相当于每投入1英镑可以获得1.54英镑的额外资助。②

英国中央政府对公共体育服务的资助通常采用购买的形式，对社区、体育社会组织、志愿组织和地方政府而言，英国中央政府的财政拨款对象不是固定的，而是引入竞争机制，采用委托和项目申请的方式，在体育理事会的专家委员会对体育社会组织进行评估的基础上，确定获得资助的社团和组织，并且对这些对象还要开展事中监督与事后绩效评估。英国中央政府还通过发行国家彩票和向社会组织融资等多种方式鼓励社会力量赞助和支持公共体育服务。其一是成立国家彩票，动员和鼓励全体公民投资体育。当前，英国国家彩票收入中投入体育领域的数额占到体育拨款总额的75%，财政拨款占25%。英国国家彩票收入由英国政府负责体育的部门掌管，根据发展规划，按比例分配给英国的五大体育理事会，例如2016—2017年，英国文化、媒体和体育部将约9400万英镑拨付用于支持草根体育发展，提高公民的体育活动水平。②其二是向慈善组织、企业和社会组织开展融资。③英国的《私人融资倡议》和苏格兰的"非营利分配模式"等促进了公共体育服务融资方式的多样化。近年来，英国社会部门资助公共体育服务非常盛行，主要采用补助和投资的形式。这两种资助方式存在区别：社会部门的补助资金通常主要为实现社会目标而设立；而社会部门的投资以可偿还融资（贷款或股权投资）的方式来扩大社会影响力及向投资者提供融资回报。体育俱乐部和社区组织的融资指的是补助金、商

---

① £2.35m injection to drive Welsh sport numbers[EB/OL].(2018-01-07)[2018-06-01].

② Community sport program: End of year report for year 2(of 3)2006-07 [EB/OL].(2018-01-07)[2018-06-01].

③ Dcms.DCMS annual report and accounts (2016—2017)[R]. London:DCMS,2016:36.

业融资或股票，而提供补助金的社会部门有彩票基金、遗产彩票基金等。地方社会部门补助金还可从一些慈善信托基金会和企业获得。[①]其三是企业资助。例如，位于伦敦从事博彩业的某企业与总部位于爱尔兰的某企业合并后，合并后的企业加入"体育俱乐部补助金计划"为体育俱乐部提供补助金改善体育设施、购买体育设备、资助教练，资助社区体育俱乐部。[②]

第三节　英国政府购买青少年公共体育服务的供给模式

英国是一个历史上就比较重视体育的国家，英国的户外运动被称为现代体育的"三大基石"之一，对全球现代体育的发展产生了深远的影响，英国人对体育充满激情，于1908年、1948年和2012年在伦敦举办过三届奥林匹克运动会，激励了英国民众在运动场、在生活中的热情和斗志，为英国人留下了丰厚的体育文化遗产。体育成为大部分人生活中不可缺少的组成部分。英国是拥有比较健全的政治经济制度的国家，第二次世界大战后，英国的公共体育服务供给模式经历了不同的变迁阶段。[③]基于青少年公共体育服务供给主体进行划分，英国青少年公共体育服务供给模式可以分为以下三个阶段：政府供给模式—市场供给模式—多主体供给模式。

一、公共体育服务的政府供给模式

政府购买公共体育服务的理论基础是新公共管理和新公共服务理论。理论认为，政府购买公共服务的行为可以加快构建服务型政府的步伐，通过在购买过程中引入竞争机制可以有效降低公共服务生产的成本，社会组织因为扎根在基层可以更好地为公众提供品种多样、更专业和高质量的公共服务；政府通过购买活动，可以有效避免机构臃肿，降低政府机构运营的成本，更好地回应公众的需求，增加公众对政府的满意度和提高政府的权威性。战后初期(20世纪40—70年代)，为了维护国家稳定和重建社会秩序，政府以凯恩斯主义为指导，推行国家干预经济社会发展政策，并采纳了《贝弗里奇报告》中关于构建公平、全面、高质量的全国性福利系

---

① Sources of funding in the social sector[EB/OL]. (2018-01-07)[2018-06-01].

② Major sports funds[EB/OL].(2018-01-07)[2018-06-01].

③ 王占坤.发达国家公共体育服务体系建设经验及对我国的启示[J].体育科学，2017，37(05)：32—47.

统的建议，加快了福利国家制度的建立，形成了公共服务的国有化供给模式。[1]艾德礼政府建立了英国的公共服务体系，通过实施公共事业国有化，把这一时期公共服务的工作重心放在就业服务、公共医疗卫生服务、社会保障服务、教育和住房等领域，福利国家系统为英国国民提供了公共体育场地设施，公共体育服务成为社区必备的服务，社区里建造了大量体育设施，使英国公民享受到高度参与体育的机会，公共体育服务成为公众有权享受的国家福利。[2]

二、公共体育服务的市场供给模式

20世纪70年代，自上而下的公共服务国家供给模式，致使国家财政负担沉重，连年出现财政赤字和通货膨胀，供需不对称，"福利国家制度"弊端充分暴露。1979年，撒切尔政府对经济制度进行了改革，摒弃了凯恩斯主义的经济政策，大力推行私有化，同时，英国是新公共管理理论的发源地，受新公共管理理论影响，英国开始了大规模的公共服务改革，推动传统公共服务模式向新公共服务模式发展，将市场机制逐步引入公共服务领域，英国政府公共服务职能、公共服务性质和供给方式均发生了改变，英国的福利制度进入到新自由主义模式，公共体育服务不再是政府的义务，公共体育设施的管理和建造进行了市场运作，商家可以通过参与竞标而获得公共体育设施管理权[3]，1995年英国政府颁布的《体育：发展游戏》体现出了公共体育设施实行商业化管理的倾向，资本的逐利性破坏了原来的公共体育服务理念，加上政府取消了对公众享受公共体育设施的补贴，公众参与体育的机会大大减少。公共服务私有化模式使英国政府短期内财政支出减少[4]，但20世纪90年代，公共服务碎片化、国家空心化、公平性降低等公共服务私有化的缺陷不断暴露。

三、公共体育服务的多主体供给模式

1997年布莱尔担任英国首相后，以"第三条道路"的政治理论为执政理念，按照

① 郑家鲲."十二五"时期构建我国公共体育服务体系的若干思考[J].成都体育学院学报，2011，37(12)：1—6.

② 赵君.英国艾德礼工党政府经济政策研究(1945—1951)[D].山东师范大学，2014.

③ 伊恩·亨利，徐通.英国和欧洲大众体育哲学思想的变迁[J].体育学刊，2007(09)：31—33.

④ 汤际澜.英国公共服务改革和体育政策变迁[J].南京体育学院学报(社会科学版)，2010，24(2)：43—47.

吉登斯提出的“社会投资型国家”理论推进英国从政府包办的福利模式向社会办福利模式转型。吉登斯提出应当尽可能地投资于人力资本，而不要直接给予经济资助，这种模式也就是所谓的“社会投资型国家”，其重要思想就是公共部门和私人部门合作，优势互补，携手提供公共服务，是一种积极的福利政策①，其结果是英国形成了治理型政府和积极的社会力量，政府与社会和公民合作互动，公民根据需求主动争取福利，政府通过社会力量间接给公民提供福利服务，为公民充分创造享受福利的机会，公共福利事业由政府、企业、社区、社会组织和个人共同参与和分担。在吉登斯社会投资型国家的影响下，公共体育服务供给成为一项重要的社会投资被用于公民健康和教育、降低犯罪率、提高社会包容性和凝聚力、保障公民权利等领域。政府通过体育参与率来评估公共体育服务供给对这些领域产生的效益。同时，英国政府出台了一系列的体育政策，明确指出了地方政府、体育俱乐部、体育协会等应该在公共体育服务的供给方面共同发挥重要作用，如2000年颁布的《全民体育未来》（“A Sporting Future for All”），2002年颁布的《游戏计划》（“Game Plan”）等，英国政府的体育政策强调让更多的人参加体育活动，特别是要确保尽可能多的低收入群体、青少年、老年人和女性参与体育活动。②为了确保尽可能多的人参加体育活动，英国政府资助各体育理事会，促进社区体育发展，扩大学校游戏计划，使更多年轻人增加参加竞技性体育项目的机会。英国的公共体育服务体系为公众提供了丰富的、高质量的公共体育服务，公共体育事业发达，服务网络健全。③

英国是公共服务改革的先驱，英国政府在公共服务领域的诸多改革手段和措施，如“强制性竞标”（Compulsory Competitive Tendering，CCT）、最佳化元价值计划等，都对公共体育服务的供给产生了巨大的影响。“强制性竞标”对公共体育场馆的供给方式产生影响，导致非营利组织生产、内部生产、私人合同生产出现。英国公共体育服务供给体系以一种简单、协调的方式将体育参与者、供给者、政策制定者和投资者联系在一起④，以社区需求为导向，确保公共体育政策制定、投资和公共体育服务的供给（如图5-3）。这一体系的各构成部分通过仔细的计划、联合的思考和有力的宣传来配置资源，为公共体育服务的供给增添价值。

---

① 高美庚.英国工党“第三条道路”执政实践研究[D].大连理工大学，2009.

② 徐通.英国福利制度与大众体育政策演变[J].体育文化导刊，2008，(04)：110—111+118.

③ Department for Culture，Media and Sport/Strategy Unit.Game Plan：A strategy for delivering government's sport and physical activity objectives[R].London：DCMS/Strategy Unit，2002.

④ 卢文云.我国奥运争光类竞技体育服务产品的有效供给研究[J].体育科学，2006(12)：77—84.

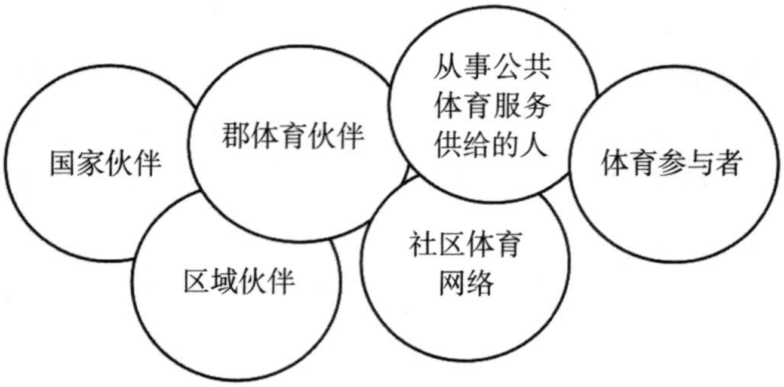

图5-3 英国公共体育服务供给体系构成示意图

国家层面的伙伴，主要包括政府部门和国家机关、特殊的专业实体、独立信托机构、会员组织和国家体育管理组织；而在区域层面的伙伴中，区域体育董事会在使国家体育政策契合不同区域经济、社会发展的外部环境方面起着主导作用，同时，区域伙伴负责建议和支持健康、教育、社会再造、空间规划和经济发展等部门执行国家的公共体育政策；郡体育伙伴，是一些在郡区域内致力于为人们受益于体育和积极的休闲活动而提供高质量公共体育服务的供给机构的联合。按照传统的郡区域划分和现有行政机构，整个英国形成了49个郡体育伙伴网络；社区体育网络，是一个在社区范围内由致力于提供体育和积极休闲活动的组织和机构形成的地方性网络，负责确认地方优先的公共体育服务供给领域和提升当地的体育参与①；从事体育服务供给的人是指在整个公共体育服务供给体系中负责体育服务供给的承接方，主要包括非营利性组织以及社会组织等，他们在衔接整个公共体育服务供给中发挥了重要作用；体育参与者是指公共体育服务供给的接收方，是公共体育政策供给的主体和重点，他们确保了公共体育政策的有效性。

第四节 英国政府购买青少年公共体育服务的工作实践

一、英国政府购买青少年公共体育服务的运行实践

（一）英国政府购买青少年公共体育服务的运行实践主体

目标明确且指向清晰的公共政策是发达国家青少年公共体育服务体系的重要支撑。从政策制定主体来看，英国青少年体育政策治理的制定者较为多元化，既包括教

① 陈丛刊，卢文云，陈宁.英国公共体育服务供给体系建设的经验与启示[J].成都体育学院学报，2012，38(01)：28—32.

育部，文化、传媒和体育部(Department for Culture,Media,and Sport,DCMS)①，儿童、学校和家庭部(Department for Children,Schools and Families,DCSF)，环境、食品和农村事务部(Department for Environment,Food,and Rural Affairs,DEFRA)②以及卫生与社会保障部等官方机构，也包括英国体育理事会(English Sports Council,ESC)、英国奥委会以及中央娱乐体育委员会(Central Council of Physical Recreation,CCPR)等半官方的政策治理机构。这些官方与半官方的治理机构合在一起构成了英国青少年体育政策治理的制定者，它们各司其职、协同运行，共同维护着英国青少年体育的良性运行与协调发展。③

(二)英国政府购买青少年公共体育服务的运行实践内容

从政策内容来看，发达国家青少年体育政策具有全面性、延续性和关联性。全面性体现在政策内容的丰富程度上，延续性体现在政策内容依据发展现状而制定、修订、完善这一过程上，关联性体现在政策内容的互补上。在英国，无论是2000年DCMS颁布的《全民体育未来》，还是2015年颁布的《体育未来：积极国家的新战略》(“Sporting Future:A New Strategy for an Active Nation”)，其内容均倾向于终身体育、体育教育、社区体育、青少年体育活动参与率、精英体育人才培养等方面，后者还结合运动医学，从身体健康、精神健康、个人发展、社会发展以及经济发展五个角度，以体育活动指导、场地设施开放、体育赛事组织等为出发点，为儿童青少年享受最好的体育活动提供机会。这两部政策的出台为解决不同时期英国部分人群体育参与水平不高以及体育活动远低于全国平均水平的问题做出贡献。在关联性方面，英国青少年体育政策的出台会伴随多部配套政策。如《活着的遗产：2010—2015体育政策与投资》(“A Living Legacy:2010—2015 Sport Policy and Investment”)包含了《运动越多，生活越好》《新的青年和社区体育五年战略》等战略计划，这些相对较新的政策既推动了先前的体育政策的实施，又对前者的内容进行完善。

(三)英国政府购买青少年公共体育服务的运行实践组织

西方国家一般会根据不同的购买内容，选择不同的购买对象，考虑到公共体育服务的本质特征依然是公益性，他们一般会把体育非营利组织作为首选的合作对象。英国《体育2020发展规划》明确提出，为保证公共体育服务的供给质量和效

① Department for Culture,Media & Sport[EB/OL].(2016-02-15)[2022-10-15].

② Department for Children,Schools and Families[EB/OL].(2016-02-15)[2022-10-15].

③ 张文鹏.英国青少年体育政策的治理体系研究[J].北京体育大学学报,2017,40(01):71—77.

率,要不断促进政府购买公共体育服务的发展,在政府购买中要首先保证公共体育服务的公共性,并通过与体育非营利组织的紧密合作来实现。

青少年体育组织以政府部门为主,通过合作方式与其他政府部门或非政府组织协作完成相关政策和文件的制定,从宏观层面管理青少年体育事务。在英国,文化、媒介和体育部常以政策决策、目标管理、工作布置和资金投向等形式与区域性体育理事会共同进行宏观管理。在英国,青少年体育信托组织是专门负责改善青少年身心健康、开拓体育运动新理念和新方法的慈善机构,通过制定《战略2018—2022:相信每个孩子的未来》("Strategy 2018—2022:Believing in Every Child's Future")等战略规划,与学校、青少年体育俱乐部等基层组织签署公共服务合约,来确保英国青少年体育发展目标的实现。

(四)英国政府购买青少年公共体育服务的运行实践项目

据英国体育局2012年的调查,有61%的学生经常参加跳绳、游泳、跑步、自行车等个人运动项目;40%的学生经常参加网球、击剑、摔跤等运动项目;65%的学生经常参加篮球、曲棍球、足球等团队运动项目。从社区体育组织为青少年提供运动项目类型角度来看,英国高度自治的组织发展模式使社区体育组织类型繁多,既有为青少年提供徒步、探险、攀岩等运动的户外营地组织,也有为青少年提供各种运动项目技能培训的俱乐部组织。

二、英国政府购买青少年公共体育服务的运行过程

政府对其购买的公共体育服务通过法律层面进行确认,是政府购买公共体育服务实践活动的第一步,然后就是集中大量的专家学者对购买公共体育服务的具体法律流程、合同范本进行深入探讨,以减少地方政府购买的低效行为。政府购买公共体育服务的具体合同范本均应该可以在政府的网站中免费获得。这些举措对规范地方政府购买公共体育服务行为,有效规避风险,明确购买主体和承接主体之间的责任,提高政府购买公共体育服务的效果,高效满足公众的体育需求起到很大的作用。购买内容主要是体育非营利组织和政府根据公众需求综合各方面情况后才确定的,其确定原则是"自下而上"而非"自上而下"。

三、英国政府购买青少年公共体育服务的具体案例分析

(一)英国体育俱乐部——以威尔士射箭俱乐部为例

21世纪以来,英国已经有1000多万人是体育俱乐部会员,约占总人口的

23.3%。英国国内约有15.1万个体育俱乐部，平均每个俱乐部拥有117名成年人会员和107名青少年会员。[①]在英国，体育俱乐部正承担着越来越重要的基层体育组织的运行作用，政府及非政府组织对体育俱乐部的社会角色期望越来越高，相应的体育俱乐部所面临的挑战也在不断升级。20世纪60年代，体育俱乐部被期望帮助政府和非政府联盟组织增加包括青年、妇女、移民、残疾人和老年人在内更多人群参与体育的机会。为了应对这些挑战，体育俱乐部出现了一些新趋向——俱乐部提供的体育活动日益分化，并开始向新会员群体开放。与此同时，英国各类体育俱乐部纷纷在专业工作人员数量、俱乐部运营体育硬件设施等方面有了明确和专业的要求。进入21世纪，欧洲许多国家已经形成了以体育俱乐部为绝对支柱的基层体育堡垒，承担着大众体育服务和为国家输送体育精英的重要角色，公共体育服务也逐渐带有强烈的俱乐部个人主义与商业气息。而作为对所得补贴的回报，政府要求体育俱乐部帮助解决政府无法完全解决的一些社会问题，这一切都要求体育俱乐部更加专业。

1. 完善完整的系统流程服务

威尔士射箭俱乐部是供给英国青少年体育活动开展的一个典型案例。进入其俱乐部官网可以看到，威尔士射箭俱乐部具备完善的系统流程服务，可以使有需求的民众快速找到相应的供给服务信息。如一个青少年有参与射箭运动的需求，在其网站注册并发布自己所需服务需求之后，俱乐部网站的供给服务信息系统会匹配最近的练习场馆、培训活动安排、培训人员联系方式等信息，即可完成对青少年体育服务需求的快速供给。

2. 青少年体育运动成长规划

俱乐部拥有更多的场地器材设施，就更加能够满足民众各类公共体育服务需求，同时也会得到更多政府提供的资源支持，从而形成一种良性的协调供给，这种良性协调包括供给青少年更多更便利的体育服务。如供给青少年免费的弓箭运动设备和技能培训，包括免费的初阶射箭技能培训、射箭练习活动、射箭比赛活动等。同时，俱乐部还构建了完善的青少年后续体育技能成长规划，以帮助青少年构建终身体育锻炼习惯。如在4或6周初阶技能培训课程结束时，青少年将被邀请加入俱乐部和附属于县、威尔士射箭协会(WFAA)和全国射箭协会(GNAS)不同层次的体育组织，形成一种可持续发展的弓箭运动技能成长历程。

---

① 薄纯磊，高奎亭，王永顺．欧洲体育俱乐部现在怎么样了？——Sports clubs in Europe: A cross-national comparative perspective[J]．成都体育学院学报，2022，48(04)：136—141.

3. 体育活动组织类型丰富

俱乐部自主性、自愿性原则下，可以组织多种类型的技能练习活动和比赛活动。如将射箭分为三种类型：(1)目标射箭，目标射箭一直是世界范围内最流行的射箭形式之一，威尔士射箭俱乐部面向辖区各县和地区不同级别的会员定期举办户外和室内目标比赛；(2)野外射箭，它的课程布置在林地环境中，利用山丘、斜坡、角度、光线和阴影给射手带来了截然不同的挑战，它类似于高尔夫，目标(如高尔夫球洞)设置在不同的距离，也类似于徒步旅行，通过斜坡和丘陵引导参与者上下移动；(3)目标射箭练习。

以威尔士射箭俱乐部供给的青少年体育服务为例，可以看出英国体育俱乐部在培养青少年运动技能掌握、丰富青少年日常生活、提升青少年参与运动兴趣、形成终身体育观念等方面发挥着重要的作用。英国文化、媒体和体育部和英国教育部通过建立合作伙伴关系联合印发《体育、学校体育和俱乐部联合战略》，将体育俱乐部作为联结家庭、学校、社区的重要载体，体育俱乐部在其中发挥了重要作用，与其他多元主体共同为青少年体育健康供给服务，共同促进青少年的体育参与，提升青少年的身体健康，对培养英国青少年体育人才也发挥着重要影响。

(二) 英国青少年体育信任机构——以塞恩斯伯里英国中学运动会为例

在全民参与的情况下，青少年体育成为群众体育和竞技体育共同关注的焦点之一。在英国，青少年体育信任机构(Youth Sport Trust，YST)是英国公共体育服务体系中具有代表性的组织。英国YST体育组织于1994年成立至今，旨在发展青少年体育教育、计划、文化和社区事务，也成为与英国文化、传媒和体育部共同实施青少年公共体育服务战略的合作伙伴[①]，该组织充分利用青少年校外时间和空间，在赛事组织、教育培训、文化交流、志愿服务、体育技能和心理教育等方面组织活动，不断增加青少年体育参与率，且保障了青少年每周除学校体育课程以外的两小时体育活动[②]。英国政府社会公共管理网络体系中与社会组织构成的伙伴关系对青少年体育公共政策具有极大促进作用，使得青少年体育组织能够在社区及学校蓬勃发展。它的核心理念包括促进青少年的发展，合理利用社会资源，实现组织的社会责任。青少年体育信任机构是推动学校课外体育活动第三方组织者，这个组织机构参与制定学校体育活动的政策、测试学生的体质健康水平、参与学校课外体育活动的开放工作以及帮助青少年开拓休闲空间。弗林托夫(Flintoff)指出在工

① 柳鸣毅，等.英国青少年校外体育参与模式研究——兼论政府、社会和市场的权界[J].沈阳体育学院学报，2016，35(04)：78—83.

② 彭道海，柳鸣毅.公民社会视角下英国青少年体育组织研究[J].体育学刊，2012，19(03)：67—70.

党的布莱尔执政期间，英国学校体育、学校竞技运动与俱乐部的纽带策略(PESS - CL)成为工党重建英国学校体育改革的重头戏，英国青少年体育信任机构便是在这样的背景下被组建的。[①]它逐步成为连接英国教育部门、学校与俱乐部之间的一个专门平台。在学校与俱乐部的纽带中，英国青少年体育信任机构一方面是学校体育供给政策制定的参与者，另一方面又参与青少年体质健康的测评、俱乐部活动的管理以及新的青少年课外体育活动的开发。青少年体育信任机构成为英国学校体育发展中的一个重要供给者，负责基于学校的体育活动开展质量来分配与调控公共资金。彭尼·拉姆(Penny Lamb)与戴维·奥尔德斯(David Aldous)指出在过去的10年中，英国的教育部门与体育管理部门一直在寻求解决青少年竞技体育后备力量不足问题的有效方法。如何能够从中小学中挑选出天赋异禀的体育人才一直是英国公共体育服务体系各部门迫切讨论的事情。在与青少年体育信任机构的合作过程中，政府通过合同外包的方式购买了青少年体育信任机构开发的“少年竞技运动员培训”(JAE)项目用于两个方面的发展。[②]其一，是提高学校体育的质量，重点是提升课外体育活动向一线青少年竞技训练输送的能力；其二，是减少政府部门培养与选拔青少年竞技体育人才的开支，利用社会力量来有效地提高基层选拔与培养的质量与效率。[③]

1. 体育赛事广泛开展

塞恩斯伯里学校运动会(Sainsbury's School Games)作为一项国家级体育赛事，其举办形式区别于世界其他国家和地区的青少年体育赛事。此项赛事由政府委托青少年体育信任机构组织承办，由国家彩票给予资金资助，发挥市场职能招商引资，以校际之间竞技性竞赛为载体，动员社会、市场、教育和体育资源共同为青少年体育事业服务。塞恩斯伯里英国中学运动会是一项广泛开展、综合性强的专为青少年举办的体育赛事，设柔道、橄榄球、体操、击剑等12个项目，该赛事通过独特的规划理念，既为广大的青少年群体提供体育比赛活动服务，也可从中选拔有潜力的优秀运动精英，充实体育后备人才。

---

① Anne Flintoff. Targeting Mr average: Participation, gender equity and school sport partnerships [J]. Sport, Education and Society, 2008, 13(4): 393-411.

② Penny Lamb, David Aldous. The role of e-mentoring in distinguishing pedagogic experiences of gifted and talented pupils in physical education [J]. Physical Education and Sport Pedagogy, 2014, 19(3): 301-319.

③ 刘红建，尤传豹．新世纪英国青少年体育政策的演进脉络、有益经验与本土启示[J]．南京体育学院学报(社会科学版)，2017，31(04)：5—13.

2. **赛事参与人员无等级差异**

从人员组成上,参与历届塞恩斯伯里学校运动会的上千名运动员中还包括智障和残障青少年,比赛的组织人员则是从学校招募的青少年,每年比赛组委会都会邀请英国周边国家的青少年体育大使参与。在赛事日程安排上,赛事一般不超过一周,开闭幕式、文化活动等均融入了奥运元素,这既为青少年提供竞争机会,也留下赛事遗产,为后续青少年积极主动参与体育赛事树立信标。

3. **赛事开展运动项目多样**

从赛事项目来看,来自英格兰、苏格兰、威尔士、北爱尔兰四地的千余名中学生运动员参加田径、羽毛球、自行车、击剑、体操、曲棍球、柔道、七人橄榄球、游泳、乒乓球、排球和轮椅篮球12个项目的比赛。这不仅为各社会组织提供了机会,更是为青少年参与体育赛事、了解体育文化提供了有效途径。青少年参与体育运动是公民权利的一种体现方式,也是公共体育服务背景下,国家和社会的义务和责任。英国青少年体育信任机构正是凭着非政府组织最鲜明的特点——公共性、公用性和公益性,促进了社会团体蓬勃发展、学校体育逐渐融合、休闲空间不断拓展,最终保障青少年参与体育运动的权利。

第五节　英国政府购买青少年公共体育服务的基本经验

一、健全相关法律法规,促进政府购买青少年公共体育服务持续发展

在英国政府购买青少年公共体育服务过程中,政府非常注重国家政策法规的引导作用,通过不同形式的政策法规从国家层面确保了政府购买青少年公共体育服务的稳步推进。英国政府购买青少年公共体育服务的相关法律法规显示政策文本内容主要包括以下几个方面。一是政策明确规定了政府购买青少年公共体育服务的具体要求,坚持发布的政策目标与问题解决相统一。例如英国青少年体育信托基金会发布了《体育改变生活:青少年体育信托基金会战略规划》(“Sport Change Lives: Youth Sport Trust Strategic Plan”)。该规划是一项长达五年的战略规划,该战略对体育的功能进行了重新认知,具体表现为“改善生活”“公民身份”“就业能力”“实现目标”4个目标;“健康”“幸福”“技能”“价值”“领导力”“社会适应”“成就”“愿望”8个领域和“国家荣誉”“消除肥胖”“提高教育”“社区整合”“降低犯罪”“世界意识”“改善教育产出”“降低对国家的依赖”“经济增长”“生产力”“更高的期望”“活得更好更长”12个能效点,提出了体育信托基金会5年战略的工作重点集中在“体育开始”“体育机会”“体育优异”3个领域,每个领域都有相应的目标及完成标准。如“体育开始”领域的目标

是培养青少年学生的体育素养,测量标准是要改变英国100万名基础学校学生的生活;“体育机会”领域的目标是改变残障人对学校体育和运动的态度和理解,测量标准是要培养25万名立志服务于青少年体育的教师、志愿者等;“体育优异”领域的目标是最大化扩展体育对青少年生活改变的能力,测量标准是要推动250万青少年最优生活的改变。二是强调政府购买青少年公共体育服务政策法规对青少年群体的全面覆盖。如对于不同年龄阶段的青少年,英国青少年体育政策在不同的政策目标群体面向中各有针对性,如学校与俱乐部联系方案的目标是提升5岁到16岁青少年在体育俱乐部的参与率,而“国家单项体育治理组织2013—2017基金计划”的目标受益群体则是14岁到25岁的年轻人。

通过上述措施,英国政府通过制定明确具体的法律法规以及建立健全政府购买青少年公共体育服务政策全覆盖模式,为青少年积极参与体育活动提供了顶层设计与政策基础,进一步推动了英国政府购买青少年公共体育服务的持续开展。

二、简政放权以联动多元供给主体,建构青少年公共体育服务体系

丰富多样的“供给方式”被认为是公共体育服务良性发展的重要表征,其中多元的供给主体通常被视为公共体育服务活力的表现。从英国政府购买青少年公共体育服务方式来看,除了政府购买之外,还主要包含了合同委托与外包的形式。青少年公共体育服务供给发展将逐步实现政府垄断供给模式—政府主导的多主体供给模式—市场主导的多主体供给模式的发展趋势,在政府购买青少年公共体育服务中,在青少年公共体育服务整体性治理理念下,供给主体更是呈现出多元主体协同供给趋势,这种趋势体现在以下三个方面:一是政府部门之间协同治理。英国教育部,文化、媒体和体育部,环境、食品和农村事务部以及卫生与社会保障部合作制定和实施了《学校体育与身体活动行动计划》,共同提供青少年公共体育服务,促进儿童青少年养成每天进行锻炼的习惯。[①]二是政府与体育社会组织之间的协同治理。在青少年公共体育服务治理过程中,政府与体育理事会、青年体育信托基金会、体育教育协会、体育和娱乐联盟、积极英国协会和国家体育管理机构(NGBS)建立协商制度[②],在充分协商达成共识的基础上制定行动计划、分工协作开展校内外

① Improving Participation of Muslim Girls in Physical Education and School Sport [EB/OL]. (2014-12-09)[2022-10-15].

② Department for Culture, Media and Sport, Department of Health and Social Care, Department for Education, and Department for Digital, Culture, Media and Sport. School sport and activity. action plan [EB/OL]. (2019-07-15)[2022-10-15].

体育活动。三是体育社会组织之间的协同。社会组织之间通过建立伙伴关系合作，英国的学校体育伙伴关系和积极伙伴关系在体育社会组织之间起到协同、沟通和纽带的作用，以积极伙伴关系为例，它是嵌入郡议会、地方当局或大学的半自治组织，整个英国共有43个积极伙伴，职责是在各个体育组织之间建立伙伴关系，为当地体育管理部门提供支持，并协调其所在地区的体育活动，其使命是提高体育活动的参与度，利用体育的力量来改变生活。①

综合英国政府购买青少年公共体育服务的供给主体多元联合经验，借鉴到我国青少年公共体育服务领域中，可尝试从以下三个方面促进政府购买青少年公共体育供给服务协同互助。一是充分调动政府购买公共体育服务的政府各部门之间的供给积极性，促进不同部门间青少年公共体育服务的协同治理，建立体育、教育、民政等多部门协同联动及社会和市场联合治理机制，以成立各级青少年体育联合会、形成区域青少年体育组织联盟、畅通体育与教育组织融合渠道等方式，共享学校、体校、体育社会组织、市场化体育培训机构等的体育与教育资源，有效落实核心与配套政策。二是密切联系政府、学校与体育社会组织，打破各主体间的藩篱，建立跨界协作稳步前进的青少年公共体育服务供给体系，不仅是政府统筹，学校、体校、青少年体育俱乐部及各单项体育协会等机构也可以承担部分青少年公共体育服务任务，借鉴英国等西方国家经验，不断完善公众、体育非营利组织、社区、政府协作的多元主体供给模式，政府领导、社区组织引导、体育非营利组织具体负责、公众积极参与，共同实现对政府购买公共体育服务的有效构建。三是城市区域间政府购买青少年公共体育服务供给的协同构建，“互联网＋物联网时代”，人们生活逐步走向智慧化与智能化，正是由于社会的不断发展，使不同城市与地区之间的跨区域合作成为可能，跨区域合作满足了青少年群体的部分需求，促使各城市之间形成合作供给机制，更有利于政府购买青少年公共体育服务的进一步优化，城市之间建立协作共享机制，优势互补，以最小的成本发挥资源的最大效用，资源整合利用以构建更好的青少年公共体育服务，逐步缩小城市之间的政府购买差距，提升城市区域间的政府购买青少年公共体育服务质量与水平。

三、制定严谨完善的招投标制度，保证政府购买青少年公共体育服务顺利实施

严谨完善的招投标制度是英国政府购买青少年公共体育服务中最主要的方式

---

① Chris Gratton，Peter Taylor. Economics of sport and recreation[M].London：E&FN SPON.2000.

之一。通过公开招标,青少年公共体育服务组织根据合同约定开展自主经营,这种经营方式使英国青少年公共体育服务项目的所有权与经营权产生了分离。英国购买青少年公共体育服务主要经历了三个发展阶段:"强制型竞标"制度—"第三条道路"政策—"大社会"计划。在政府购买公共体育服务的过程中,英国政府非常注意购买行为的规范性。英国在相关政策中,明确规定在公共体育服务的供给中,尽量不要由政府直接供给,要尽可能通过强制性的竞标方式去实现公共体育服务的有效供给。

购买主体主要遵循下列行为准则。一是协商,即在采购公共体育服务之初,采购部门需征求一些体育社团、协会和俱乐部的建议,并将该环节纳入服务购买政策制定过程,购买主体双方在协商的基础上议定公共体育服务的生产要求。二是资金审计与监管,即政府职能部门必须按照契约规定对承接主体的资金使用和服务过程进行严格的监管,在进行服务外包的过程中政府必须遵循专款专用、公平合理、物有所值的原则,以确保其按照预期的目标,规范、合理地使用公共资金。例如,文化、传媒和体育部对财政部下拨的体育资金不进行直接管理,而是通过签订一些具体的资金协议交给英国体育理事会和各区域体育理事会,由二者负责在全国范围内进行公开招标,通过招标选择合适的承接主体为社会供给公共体育服务,政府根据服务完成情况支付费用。对一些不适合购买的公共体育服务则交由政府直接供给,如基础体育服务设施建设等。[①]

因此,我们要借鉴英国政府购买青少年公共体育服务的经验,根据公共体育服务的特点,注重购买规范,在招投标制度中对竞标主体资质、竞标流程等进行科学规范的规定,政府购买公共体育服务应严格按照"购买项目民意调研—确定并公布购买项目—招投标管理—资金拨付—过程监督—绩效评估—结果公示"流程,通过建立完善的政府购买青少年公共体育服务立法体系,进一步指导我国购买服务规范化,实现有法可依,并且在借鉴英国政府购买经验基础上,为政府购买青少年公共服务制定一套更为完善的购买程序与运行机制,确保政府购买青少年公共体育服务项目顺利实施。

四、建设多部门协同运作的体育组织,搭建政府购买公共体育服务基层平台

在西方国家,由于社会组织发育良好,政府与社会组织互动充分,公共服务制

---

① 唐胜英,Elizabeth•Pike.英国大众体育场地设施的供给、管理与使用[J].体育与科学,2015,36(02):94—100.

度安排比较完善,因而,政府向社会组织购买服务有着较为成熟的模式。英国政府与社会组织协作具有悠久的传统,因此,政府在向社会组织购买服务的过程中,两者也形成了协作伙伴关系的购买模式。英国政府与社会组织协作提供公共服务最早可以追溯到19世纪中叶亨利索里举办的慈善组织和巴纳特创建的“汤恩比馆”①。英国政府曾经在2007年制定了《第三部门在社会和经济振兴中的未来作用:最终报告》,报告将政府与社会组织的协作伙伴关系作为未来政府努力的主要方向,鼓励和促进政府向社会组织购买公共服务,不但鼓励社会组织参与基本公共服务的供给,而且提倡社会组织成为社会治理的变革者、公共服务的促进者和政府创新的推动者。在向社会组织购买服务的具体方式上,政府采取逐渐淡出公共领域的方式,以委托、授权、招标等多种方式实现与社会组织的协作。②英国政府重视公共体育服务的发展,各种体育社会组织机构都能提供公共体育服务。英国公共体育服务的组织机构主要受到政府宏观调控的影响,除此之外,英国政府还联合社会非政府组织参与公共体育服务的供给,形成了以英国政府为主导的体育管理组织结构,政府主要负责公共体育服务政策的制定,社会组织和非营利性体育组织负责体育政策的执行和实施,政府在政策的实施过程中实施监督反馈,英国政府下属的文化、媒介和体育部主要负责全国的体育事业,管理多个体育理事会。同时,不同的体育管理部门负责不同的体育事业的发展,英国奥委会主要负责竞技体育的发展,教育和就业部负责学校体育的发展,英国体育理事会负责社区体育的发展。英国政府在公共体育服务的实施过程中主要负责提供政策支持和财政拨款,在实施过程中联合体育俱乐部、企业、社区志愿组织形成了健全的公共体育服务组织网络。③

借鉴西方国家相关经验,当前我国可以做好四方面的工作。一是尽快提高我国体育非营利组织的数量,增强其独立性。我们应尽快解决我国体育非营利组织登记制度相对严格、限制较多的问题,对于一些农村地区和社会体育开展较差,暂时没有条件大范围发展体育非营利组织的地区,我们可以借助文化团体,使体育非营利组织先成为文化团体的一部分,待发展到一定的阶段后再将其从文化团体中独立出来,通过多种方式,快速提高我国体育非营利组织的数量。另外,我们要以

---

① 顾丽梅.英、美、新加坡公共服务模式比较研究——理论、模式及其变迁[J].浙江学刊,2008(05):107—112.

② 马全中.中外政府向社会组织购买服务的比较研究——基于边界、模式、法制、机制的多维视角[J].天津行政学院学报,2016,18(06):90—95.

③ Mike Collins. Examining sports development[M].London: Routledge,2010.

体育管理体制改革为契机，逐步割断政府与体育非营利组织的联系，使其具有独立的法人资格，成为独立性的中介组织，在政府购买公共体育服务中具有更强的自主性和灵活性。二是不断丰富体育非营利组织的融资渠道。体育非营利组织要参与政府购买公共体育服务，必须保证自身具有一定的经济实力，我们目前最为可行的方法是政府和社会共同合作，建立专项基金，对一些能够在政府购买公共体育服务时发挥较大作用或有较大潜力的体育非营利组织进行重点资助，不断提高其承接能力。三是要借鉴发达国家经验，给予体育非营利组织公益法人或者特定公益法人的地位，简化流程手续，提供税收减免等优惠政策扶持。四是根据政府购买公共体育服务的需要，尽快完善体育非营利组织的法人治理结构，不断完善与市场相适应的监管机制、决策机制、评估机制，不断提高我国体育非营利组织的服务能力和运营能力。

第六章 “当代中国”具体语境中政府购买青少年公共体育服务的发展趋势

第一节 政府购买青少年公共体育服务的反思

政府向社会组织购买青少年公共体育服务在中国仍然属于新生事物。由于长期以来中国公共服务基本都由政府提供,因此,从既有的政府提供公共体育服务供给模式转向政府向社会组织购买公共体育服务模式,无论从政府角度还是从公众角度,无论在制度规范方面还是文化心理方面,都有不适应的地方。比如政府购买公共服务的规模较小,程序不够规范,监督管理不够,缺乏相应的法律保障体系,资金预算缺乏明确预算方案等。在本书的调查研究过程中,从总体上看,中国政府向社会组织购买青少年公共体育服务目前有以下几个方面需要反思。

一、购买行为“内部化”,社会组织成为政府部门的延伸

在本书调研的案例中,有相当一部分社会组织实际并非独自成长的社会组织,而是由作为购买者的地方政府发起或者倡导成立的社会组织,有些社会组织甚至是在接到特定购买任务以后才专门成立的。因此,从面上来看,作为承接者的社会组织,很难说普遍都是独立于购买者之外的法人主体。这一情况造成了购买行为的“内部化”,带来了服务质量、费用合理性以及资金透明度等一系列问题。即社会组织变成了与政府行政性质相同的“次级政府”。由于这些社会组织都是在政府主导和支持下发展起来的,这使得政府与社会组织在实际运行中缺乏对双方都有约束力的契约关系。社会组织名义上承接政府委托的公共事务,实际上对自身活动缺乏完整的和长期的规划,其定位基本上是随时接受政府下派的任务,在这一过程中,社会组织实际上变成了政府部门职能的延伸。而由于接受政府下派的任务具有随机性,因此,社会组织生产公共服务的规范性和长远性很难得到充分考虑。

二、购买标准不够清晰,政府责任较为模糊

购买标准不够清晰,主要是指在政府购买青少年公共体育服务的过程中,政府对于自己必须购买哪些服务、不需要购买哪些服务,尚缺乏明确的标准和规范。在

本书调查的案例中，有的社会组织几乎所有费用都由政府一揽子承担，政府支付了一些本来不应该支付的费用，甚至还有个别的私人服务费用。

在政府充分履行了自身基本职能且财政能力允许的情况下，政府参与私人物品的提供未必一定需要禁止。但问题在于如何度量政府是否充分完成了自身职能，政府是否会因为追求表面的锦上添花而忽略了基本职能。如果政府尚未提供基本公共体育服务供给，那么，政府向社会组织购买公共服务过程中的这种混淆，将可能导致另一种意义上的公共资源浪费。①

三、社会组织缺乏足够的谈判能力，购买成为单向度合作行为

对于购买者与承接者来说，双方的合作应该建立在平等协商的基础之上。但目前普遍存在的情况是，即便是相对独立的社会组织，在公共服务供给中也没有足够的能力和地位与购买者处于平等的谈判和协商地位。一方面，社会组织缺乏足够的资源，而且其资源募集能力薄弱。在中国香港地区，政府在向社会组织购买公共服务的过程中，给社会组织的钱基本上只占公共服务实际支出的80%左右，其他20%需要社会组织自筹。但在我们调查的案例中，内地大多数社会组织几乎没有接收到来自社会力量的捐赠。另一方面，社会组织还缺乏足够的社会信任，甚至缺乏基本的社会认可。在社会组织行动能力较弱的情况下，公共服务的购买必定是单向度的合作行为，社会组织在政府购买公共服务过程中，几乎没有谈判的空间，相对被动，这也在一定程度上削弱了社会组织生产公共服务的积极性。

四、购买程序规范程度较低，合作过程随意性较大

中国政府向社会组织购买体育服务尚处于试点阶段，政府的相关制度机制和法律需要进行规范和调整，所以，政府向社会组织购买公共体育服务缺乏统一的法律法规及规章可以依循。即使在《中华人民共和国政府采购法》中，也尚未对政府采购公共服务性产品相关内容作出明确规定，这就使得各级政府向社会组织购买公共服务缺乏基础性的法律依据。从我们的调查来看，有些地方政府自行制定了政府购买公共服务的指导性意见、实施及考核评估办法，这些规定常常带有行政法规或者条例的特点。但是，由于各地方政府普遍对于政府向社会组织购买公共服务缺少理论指导和实践经验，所以其出台的行政法规或条例实际缺少指导性，其规

① 乐园．公共服务购买：政府与民间组织的契约合作模式——以上海打浦桥社区文化服务中心为例[J]．中国非营利评论，2008，2(01)：143—160．

定的具体实施方法往往缺少可操作性，其制定的考核评估办法缺乏科学合理性，等等。同时，在我们调查的大多数案例中，政府与社会组织的双边合作或者是基于熟人关系的非制度化程序，或者是实质上的“内部化”合作。很多时候，购买方都未能提供所购买的产品细目与技术标准，也没有公开确定公共服务的合理价格。作为购买者的政府有关部门，对于此类问题尚未进行仔细深入的考虑。

任何一项制度既要有主体法律，也要有相应的配套法律。政府购买公共服务的法律制度除了要有主体法律外，也要有相应的配套法律。但是，我国政府购买公共服务配套法律不健全，主要表现在应有的配套法律规范缺乏。一般来说，政府购买应制定出台的配套法律规范很多，既有实体的也有程序的，既有经费保障的也有组织保障的，具体体现为实质性制度和程序性制度。

所谓政府向社会力量购买公共服务的实质性制度规则，主要涉及政府向社会力量购买公共服务机制的诸构成主体、购买成本和购买产品等方面的法律法规和制度规则，其具体包括以下内容：

（1）政府、企业、其他社会力量、消费者和评估机构的法定资格和资质认定；

（2）各主体法定权力责任和权利义务规定，包括各级政府的权力责任、社会力量的权利义务、享用公共服务的社会公众的权利义务和评估主体的权利义务；

（3）政府购买公共体育服务的财政的出资主体、出资范围和强度；

（4）社会力量生产政府所购买的公共体育服务的税收减免或者优惠规定；

（5）政府分类型、分层级、分部门购买公共体育服务的规定；

（6）政府购买的公共体育服务的范围、内容和标准。

所谓政府向社会力量购买公共服务的程序性制度，主要涉及购买公共服务的流程和方式，具体涵盖以下内容：

（1）政府向社会力量授权或者委托的程序或者流程；

（2）政府购买公共体育服务的方式方法、流程和程序；

（3）政府购买公共体育服务的招投标办法和程序规则；

（4）政府购买公共体育服务或者政府公共体育服务外包的合同制度；

（5）政府购买公共体育服务的公民参与和听证制度；

（6）政府购买公共体育服务的资金审核与管理办法；

（7）政府监督和管理社会力量生产与供给公共体育服务办法；

（8）政府购买公共体育服务的绩效评估主体、评估指标体系和评估方式流程；

（9）社会力量生产和提供的公共服务质量评估究责机制；

(10) 各主体退出政府购买公共服务的机制与办法。[①]

这些配套法律制度都是政府有效依法购买公共服务所必须和急需的。但是,目前我国各级政府却没有出台这些配套法律法规。这些法律法规的空缺,导致推进政府购买公共体育服务进程中出现诸多问题,如政府购买公共服务的资金问题,按国家要求需要将政府购买资金纳入财政预算,可是各地现在实际上有不同做法。其中比较典型的是配套资金问题。此外,已有的规制规范也不能满足规制需要。根据公共选择理论和组织理论,公共部门组织效率低下的根源在于公共部门公共服务的垄断性。公共部门组织的循规蹈矩,部门成员的相互推诿、墨守成规、甘于现状的心态,造成公共部门组织丧失了追求效率的内在动力;官僚利益的最大化,使得公共部门组织规模扩大,行政成本逐步高涨。对此,公共选择理论认为,根本的解决办法在于充分发挥个体自由和市场的积极作用,引入公私竞争机制。打破垄断格局,给予公众自由选择的权利与机会。显然,公共选择理论为政府购买公共服务提供了理论依据,也为承接主体承接政府购买活动提供了内因分析。

为此,形成有效竞争的前提条件之一,就是具有足够的竞争主体。对于政府购买公共体育服务而言,其有效竞争的前提条件之一,就是必须要有足够的承接主体参与公共体育服务的购买过程。目前,我国公共体育服务的承接主体发育不甚完善,因此难以形成有效的充分竞争格局。在政府向社会组织购买公共服务活动中,首先需要明确的是这一活动的法律地位,其次需要规范的是购买招标程序,包括招标项目标准、应标组织资质、招标工作程序和评标标准、招标监督程序、招投标双方的权利义务等。此外,还需要修改一系列实体性与程序性的制度和法律。我们的调查也显示,无论是相关政府部门,还是相关社会组织,都希望完善政府向社会组织购买公共服务的制度和程序规范。尤其是社会组织,普遍赞成要首先改进和完善申请承接公共服务项目的流程,使程序变得更加简单规范。

五、服务评价和监督体系缺失,服务成本难以控制

政府购买公共体育服务的绩效评价体系包括两个方面。一是购买公共服务的效率评价体系;效率评价体系主要是评价政府购买服务的效率,即购买一定数量的服务所使用的财政资金是否最少,或者说一定量的财政资金是否购买了尽可能多的公共服务,以确保这些财政资金实现最大边际效用。二是购买公共服务的效果

① 王浦劬.政府向社会力量购买公共服务的改革意蕴论析[J].吉林大学社会科学学报,2015,55(04):78—89+250.

评价体系。效果评价体系主要评价公共服务的享用者是否满意，这种评价是通过公众满意度来测量政府购买公共服务的效果。但在实际操作中，政府在与服务生产者签订合同后，往往难以对合同的履行情况进行有效评价和监督。在我们调查的案例中，对于社会组织生产和提供的公共服务普遍缺乏科学系统的评价体系和强有力的监督体系，尤其是缺乏专门的人员对服务提供过程中技术问题的监管。同时，由于在现有政府体制下对于公共服务的监管权分散在为数众多的政府部门手中，一些部门通常既是主管部门，又和社会组织有着千丝万缕的联系，复杂的纠葛使监管显得非常乏力。

六、政策制定受众面较狭窄，公众体育参与意识薄弱

公众体育参与是一种公众在其权利义务范围内有目的有计划的社会行动；它通过政府部门和参与行动的部门与公众之间双向交流，使公众能参加决策过程并且防止和化解公众和政府与参与行动的部门、公众之间的冲突。“行政法治就需要将公众参与作为基础性制度予以对待：作为为行政过程提供合法化解释框架的行政法，就应当将公众参与作为核心。一种以参与为核心的行政法模式，不仅对民主理论的要求具有更强的回应性，而且对行政过程的改革具有更强的建设性。”①

有效的公众体育参与是实现善治的必要条件，也是现代行政法治的重要内容。公众参与在政府购买公共服务中的地位和作用比在一般的行政决策中的地位和作用更为特殊和重要。政府购买公共服务设计初衷就是为了给公众提供优质的公共服务，为此就更需要公众参与，以便了解公众之所需。

公众体育参与政府购买公共服务过程，具体而言可以做到：(1)它是一个连续的双向的交换意见过程，通过这个过程，可以增进公众了解政府和购买机构在政府购买公共服务中的做法；(2)可以将购买项目、购买计划、购买规模、购买资金以及相关政策的情况及其含义信息及时完整地传递给公众；(3)积极征求公众对政府购买公共服务的意见和感受，如购买内容是否合适、购买项目规模是否符合需要、承接方提供的服务是否让公众满意等，通过信息交换，及时修订工作方案，共同推进政府购买公共体育服务目标的实现。如果没有公众参与，即使政府做了大量的工作也未必能得到公众的认可。

目前，我国政府购买公共服务的做法上还存在许多不足，如在形式上比较随意，事先也没有征求过公众意见，一些送上门的服务项目群众并不需要，而群众困

① 王锡锌．公众参与行政过程：一个理念和制度分析的框架[M]．北京：中国民主法制出版社，2007.

难的事情却没有得到解决。[①]这一方面说明了政府提供的公共服务实际上存在不到位的情况，另一方面也说明了政府和公众之间缺乏有效沟通。公众是公共服务需求的主体，政府在购买公共体育服务的过程中应尊重公众民主选择服务的权利。与此同时，不同的公众群体往往有不同的爱好和追求，所以公共体育服务的供求关系越直接，经费使用效益越好。实践证明，只有公众的选择权利得到充分实现，政府购买的制度效益才能得到充分发挥。我国有些地方已经认识到这一道理，并采取一定的措施来避免政府购买公共服务中的公众参与缺位。

第二节　政府购买青少年公共体育服务的转型

为了有效推进政府向社会组织购买青少年公共体育服务改革，本书根据实际调查研究和分析情况，从整体结构到具体措施，尝试提出完善我国政府向社会组织购买青少年公共体育服务政策的转型相关建议。

本书认为，目前我国政府向社会组织购买青少年公共体育服务过程中出现的问题是结构性的，因此，对其加以改进和完善也是一个环节众多的系统工程。为了厘清相关环节和层次，为政府制定应对相关问题的政策措施提供借鉴，在此提出一个进一步完善此项改革的对策模型(如图6-1)。

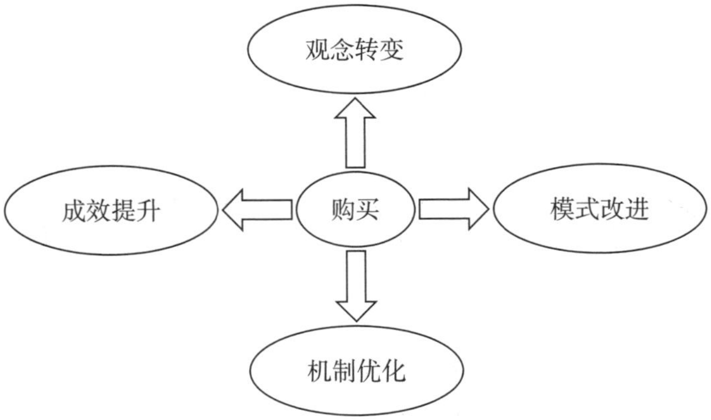

图6-1　完善我国政府向社会组织购买青少年公共体育服务转型的对策模型

由图6-1可见，只有树立解决问题的系统思维，避免孤立、片面地看待问题，在观念转变、模式改进、机制优化、成效提升等各方面协同推进，才能解决我国政府向

① 项显生.论我国政府购买公共服务主体制度[J].法律科学(西北政法大学学报)，2014，32(05)：69—77.

社会组织购买青少年公共体育服务过程中存在的问题，建立政府相关部门与社会组织的良性互动关系，更好地承担公共体育服务责任。

一、政府购买青少年公共体育服务观念层面的转变

（一）关于政府角色与责任

政府的重要角色在于向公民提供充分、优质的公共服务，维护和谐的社会秩序和美好的公共生活。这是政府行为的起点也是其运行的归宿。因此，政府相关供给的衡量标准，应该是公民是否实现了其根本利益，是否享受到了更多更好的公共体育服务。

在政府向社会组织购买公共服务的过程中，政府的具体责任通常是确定公共服务应达到的水平及可支出的公共资源，制定和监督服务的安全、质量和表现标准，执行这些标准并对违反的情况采取行动。①

政府向社会组织购买青少年公共体育服务，实际上并非政府责任的转移，而是政府供给青少年公共体育服务具体方式和机制的转变，是政府为了向青少年群体提供更多、更优质的公共服务而将其具体生产过程让渡给社会组织。在社会组织承接公共服务的过程中，政府不需要干预社会组织的具体运作过程，但是，对公共体育服务供给的合法性、正当性、实施效果等问题应该承担相关责任。

（二）关于社会组织

在政府管理和服务实践中，政府对于自己与社会组织的合作往往持相当谨慎的态度，而在政府向社会组织购买青少年公共体育服务方面尤其如此。我国政府在计划经济体制下形成的公共服务供给模式是，公共财政资源从公共部门流向公共部门，资金的使用权始终掌握在政府手中。如果政府向社会组织购买服务，那么资金的使用权就从公共部门流向了非公共部门，或者说第三部门。而由于对这一方式的不放心和不信任，加上我国目前对于非公共部门使用公共资金的监管制度尚不完善，政府对于公共资金流向非公共部门，由社会组织使用这些资金生产公共服务，存在深层的顾虑。但是，从长远来说，为了提高我国青少年公共体育服务的质量和效率，最大限度地满足青少年群体对政府公共服务的需求，政府需要调整对于非公共部门和社会组织的态度，采取切实措施，培养与社会组织之间的信任关系。与此同时，要健全对于社会组织的监管机制，使社会组织成为政府提供青少年

① 余晖，秦虹．公私合作制的中国试验：中国城市公用事业绿皮书No.1[M]．上海：上海人民出版社，2005.

公共体育服务的合作伙伴，共同解决公共问题。

（三）关于青少年公共体育服务购买

实践证明，作为特定的机制，政府向社会组织购买青少年公共体育服务具有特定的优势，其具体体现在：购买服务可以使政府掌握主动权，在财政紧缩或认为服务不需要时随时终止合同，由此可以使承接主体在服务创新、提高专业水平和竞争力等方面下功夫；由于社会组织的相关制度和运行机制相对灵活，因而可以根据环境和客户需要做出较快反应和调整；政府购买青少年公共体育服务使得承接主体的资金来源与其服务表现直接挂钩，因而能够克服服务提供者的官僚主义，激励提供优质服务的动机，更好地实现以“顾客（公民）需求”为导向。

当然，政府向社会组织购买青少年公共体育服务也会带来相应的问题，其主要体现在：契约性关系不甚成熟，公共体育服务质量难以量化评估，公共体育服务成本和价格难以计算，特别是一些“软服务”如教育、医疗、福利和个人服务等，在成本和价格的计算、服务过程的监控和质量标准的制定等方面与实物产品存在一定误差，从而可能产生合同漏洞，或者形成执行过程中顾此失彼的状况。尤其需要注意的是，在监管机制不健全的情况下，承接公共服务的社会组织可能变得功利，产生“第三部门失灵”的问题。

二、政府购买青少年公共体育服务工作模式的转型——以武汉市为例

在武汉市政府购买青少年公共体育服务的实践的基础上，建立分析武汉市政府购买青少年公共体育服务工作模式的指标框架，通过对比得出独立关系竞争性购买模式是武汉市政府购买青少年公共体育服务过程中最具效率以及能最大程度发挥市场机制的工作模式。根据描述模式的指标体系，本节将从竞争性、主体间关系和制度化三个层面[①]对实现武汉市政府购买青少年公共体育服务独立关系竞争性工作模式提出优化建议。

（一）竞争性层面

完善市场竞争机制，营造公平竞争的环境。市场竞争机制最大的作用是调控，有效地发挥调控功能需要完善的制度保证。市场竞争机制的根本任务是为参与到市场竞争过程中的经济主体确立行为规范、规定行为领域和行为边界，保证竞争渠道的畅通和市场透明，进而保证市场竞争的有序，从而大大减少交易成本。这就需

---

① 杨宝.政府购买公共服务模式的比较及解释——一项制度转型研究[J].中国行政管理，2011(03)：41—45.

要政府构建和完善购买青少年公共体育服务相关政策法规，为武汉市政府购买青少年公共体育服务构建一个完善的市场制度，其次在采购的过程中，严格按照《中华人民共和国政府采购法》的要求明确公开透明的原则，特别是在政府招标投标的流程中。如果社会组织达不到公开招标的条件，可以适当采用邀请招标、竞争性谈判或单一来源的方式采购。

培育社会组织，增强其竞争性。具体需要从以下三个方面着手。首先，应培育产出更多的社会组织，增加其数量。在市场竞争机制下，参与市场竞争的社会组织越多，市场竞争的优势就越容易体现。其次，扶持社会组织去行政化。受我国传统政治经济体制的影响，社会组织对政府的依赖性较强，大多数的社会组织是由政府部门转制形成的，行政背景浓厚，这样的契约关系也会对独立关系竞争性工作模式的形成产生较大影响。政府要着力扶植这些社会组织，使其具有独立发展和独立处理事务的能力。最后，是结合前两种情况而言的。针对独立于政府之外的社会组织，应加以扶持，从而增强其自身的竞争性。政府应给予这些社会组织相应的政策优惠，并建立相应的激励机制，保证这些社会组织有一个良好的发展环境。

（二）主体间关系层面

确立在购买过程中政府与社会组织的平等关系。独立关系竞争性工作模式的关键是政府与社会组织在购买的过程中是一种平等的关系。政府是青少年公共体育服务的提供者，同时也是出资者，在购买的过程中政府会潜移默化地成为主导者，打破在购买过程中的平等关系。为了保证政府购买青少年公共体育服务效率和质量，政府必须加快职能转变，明确在购买过程中的责任与义务，适应作为青少年公共体育服务产出过程中的规划和监督的角色，同时认识到公共服务以及青少年公共体育服务由社会组织供给的意义和价值。

形成消费主体与政府和社会组织的良性互动关系。消费者作为公共服务的享受者，对政府购买的公共服务有最直接的发言权。政府对社会组织提供服务的监督与评估，最重要的是政府在确定购买公共服务的内容时，要广泛地采纳消费主体的意见，促进公共服务高质高效供给。这要求广大公共服务的消费主体明确自己的主人翁地位，增强政治参与的意识与能力，正确履行自己的责任和义务。首先，在政府监督与评价社会组织提供的服务过程中，消费主体应主动地向政府反馈社会组织提供服务的意见，以便于政府更好地监督与评估社会组织所提供的公共服务。其次，消费主体在享受服务的过程中是最直接的监督与评价员，应积极参与到公共服务的监督与评价过程中去，形成消费主体的监督与评价的长效机制。最后，消费主体要积极参与到政府采购意见征集中去，实现政府的购买青少年公共体育服务的精准供给，最终形成消费主体与政府和社会组织的良性互动关系，多方合力共同促进政府购买青少年公共体育服务的发展。

（三）制度化层面

一是完善政策法规。政策法规是确保政府购买青少年公共体育服务合法运行的强力约束。在政府购买公共体育服务以及青少年公共体育服务层面没有一套统一的法律法规。《中华人民共和国政府采购法》中采购范围内包括的服务，也只是满足于政府运行的服务，并不是本书所指的公共体育服务。国家立法机构应该根据政府购买的现实需要，在采购法中明确公共服务的购买范围。在此基础上，应予出台相应的法律法规，明确政府如何购买、购买什么、购买的标准、购买的程序等，并对政府购买的资金使用、服务的提供、绩效评估等方面给予明确的规定。另外，应以中央政策法规文件为指导，结合本地区的实际情况，制定适合本地区的具有可操作性和地方特色的配套政策法规，完善与之相应的政策法规。

二是扩展资金来源，加大财政投入。武汉市政府购买青少年公共体育服务的资金来源大多是财政拨款，而武汉市大部分的社会组织是依赖于政府生存的。社会组织的资金来源单一，是阻碍社会组织发展和提供的公共体育服务质量提高的一大因素。一方面，社会组织要主动寻求多元化的资金来源，加强社会组织自身的独立性，提高供给高质量青少年公共体育服务的能力。同时，这也是实现武汉市政府购买青少年公共体育服务独立关系竞争性购买模式的强化措施。另一方面，政府应从源头上进行相应的政策设计，减少对社会组织，特别是私营性质的社会组织的税收。同时，增加政府购买青少年公共体育服务的资金来源渠道，在不影响其他财政支出的情况下，调整财政支出结构，加大青少年公共体育服务购买的财政支出，保证青少年公共体育服务的资金做到专款专用。武汉市政府可将青少年公共体育服务购买资金列入年度财政预算的范畴，在下一年以年度财政预算的形式实现购买资金的常态化管理和运营。

三是完善监督与评估机制。完善的监督与评价机制是政府购买青少年公共体育服务质量和效率的保障，同时也能够保证公共体育服务能够持续稳定供给。因此，建立一个科学合理的监督与评价体制尤为重要。首先，政府购买青少年公共体育服务的监督主体要具有独立性和多元化的特征。独立性是指剔除购买方（政府）、承接方（社会组织）和消费方（青少年及其家长）之后，寻找的其他具有一定资质的第三方监督机构或专家，如高校的体育专家学者，这些人在体育行业监督与评价方面具有明显的优势，能够保证监督的客观性与科学性。监督主体的多元化是指监督的主体不仅要有第三方机构，更要有政府。政府在服务的监督过程中有不可推卸的责任。除政府外，还应有消费主体青少年及其家长和媒体。作为政府购买公共体育服务消费主体的青少年及其家长是最直接监督主体，能够真实地反馈出政府购买公共体育服务的效果。媒体同样也是重要的监督部门，担负着公共信息的反馈功能。其次，完善评价机制，建立一个完善的评价机制，以量化的形式将评价结果公布于众。评价应包括政府部门、社会组织自我评价和青少年及其家长评价，通过第三方机构，结合评价标准对社会组织提供的服务进行量化打分。

第三节　政府购买青少年公共体育服务成效提升的转型

一、优化政府购买青少年公共体育服务资金投入方式

以武汉市为例，2021年武汉市政府购买青少年公共体育服务的支出为每个青少年500元培训费用，共服务15780名青少年，政府购买培训费用的支出共计789万元，虽然支出费用不及北京、上海等超一线城市，但整体支出费用对于武汉市体育局来说压力不小。

在未来发展中，进一步扩大政府购买青少年公共体育服务规模主要有两种方式。一种是政府加大对于政府购买的资金投入，按照现在每名青少年500元的培训费用，平均每增加1000名青少年，支出费用增加50万元，这种方式下受益青少年数量增长较慢，且政府财政压力持续增加。另一种为改变政府资金投入方式，由全额购买逐渐转变为差额购买，在同样的政府资金投入下，让更多青少年享受到政府购买青少年公共体育服务。差额购买指原定每个青少年500元的培训费用，假设政府出资300元，则青少年支付余下的200元费用，该费用低于体育项目培训市场价格。以2021年武汉市政府出资789万元为例，政府以300元差额购买，能够惠及26300名青少年，服务青少年人数增加1万多名。因此，适当改变政府购买青少年公共体育服务资金投入方式，能够让更多的青少年享受服务，掌握运动技能，养成终身锻炼的习惯。

二、合理安排服务时间

在政府购买青少年公共体育服务过程中，安排训练计划时要为青少年安排休息日。安排休息日的目的不仅仅是训练后对于青少年身体的放松，防止青少年因身体累积负荷过大造成运动损伤，同时也是对于青少年心理与精神的放松，防止青少年因中枢神经疲劳产生不想继续训练的念头。

据此，政府购买青少年公共体育服务要在安排训练的时候重视青少年的休息时间，一个活动周期至少要为青少年安排1至2次的休息间隔，可以安排青少年每训练4天休息1天，保证青少年身心在休息日得到充分的放松，为下一个连续4天的训练做好身心上的双重准备。因此，政府购买青少年公共体育服务中要合理安排青少年训练时间，让青少年提高训练效果，保持训练的积极性，达到事半功倍的效果。此外，还要注意训练时间安排不宜过早或过晚，以保证青少年有足够的睡眠时间。

三、提升服务承接主体的服务能力

前述调研显示，当一个地区承接主体较多时，不同主体承接青少年公共体育服务能力与质量差异较大。提高承接主体的服务质量，首先要提高承接主体市场准入标准，从源头处筛选资金力量强、规模大、有相关培训经验的承接主体。同时，在承接主体进行青少年技能培训过程中，政府部门应当对承接主体进行一定频次的检查，检查频率与抽查次数不宜过多。同时还应注重在购买服务结束后，通过第三方绩效评价对承接主体进行考察。

四、完善政府购买青少年公共体育服务的评价与监督体系

政府购买服务法律法规的完善是政府购买服务制度化和规范化的保障。完善政府购买青少年公共体育服务法律法规有助于提高服务信息透明化，便于社会群众进行监督，引导政府购买服务积极健康发展。

第一，可以针对购买的不同体育项目制定相应的法律法规，对政府购买青少年公共体育服务中的类型做出明确规定。第二，从国家层面制定政府购买青少年公共体育服务总章程，对服务的内容、购买范围、购买方式、资金使用、评价监督等方面做出规定，各省市根据国家法律法规结合本地区现实情况制定政府购买服务法律法规，使政府购买青少年公共体育服务做到有法可依、有法必依，解决各地方政府在购买青少年公共体育服务上各自为政、执行效果不理想等问题。第三，加快完善承接主体准入标准法律法规建设。承接主体培训青少年体育技能水平的高低是政府购买青少年公共体育服务活动成功与否的决定性因素，通过承接主体准入标准的制度规定，切实提高承接主体的水平，提高政府购买青少年公共体育服务的服务质量。

第四节　政府购买青少年公共体育服务内在机制的变革

借鉴政府向社会组织购买公共服务机制,推进事业单位改革。如前所述,在传统公共服务模式下,事业单位是中国公共服务的主要生产单位。这一机制带来公共服务和公共产品供给的一系列问题。我国针对事业单位的改革,首先源自经济领域的市场改革。随着社会主义市场经济体制的建立和发展,各级政府财政事实上已不可能继续包办城乡各项事业。因此,在部分领域开始了局部改革尝试。改革初期各级政府实施了一系列类似于国企改革的激励措施,通过简政放权、鼓励创收、政府让利、优惠免税等多种形式,鼓励和支持事业单位面向市场开展多种经营,以增加单位收入,并允许单位创收与员工收入、福利相挂钩。这些措施一定程度上缓解了各级政府的财政压力。但是,政府财政拨款制度的改革与不断膨胀的创收动机,直接导致了服务的泛市场化,事业单位普遍滋生和强化了营利动机。这种政府承担的公共服务和公益性服务责任的市场化,实际是将政府应该承担的责任推向市场,由市场承担相关责任,其成本由社会和公众承担,造成了一定的负面影响。

改革中引发的问题促使政府开始关注事业单位的组织功能定位,近年来开始推行事业单位分类改革,以“公益性”概念为基础,强调政府应当提供“公益性”服务,其他服务推向市场。但是,由于缺乏明确的“公益性”界定,公益性事业单位的进一步改革实际上受到制约。

我国的事业单位在组织属性上与社会组织具有特定共同性,即非企业性和非营利性,其承担的社会功能也具有共同性,这就使得政府向社会组织购买公共服务的机制对于我国事业单位改革也具有可借鉴意义。因此,在事业单位分类改革的大思路下,在对事业单位进行科学分类的基础上,可以让有些事业单位转换成法定监管机构,有些事业单位转换成市场主体,而相当多的事业单位则可以转变为“社会组织化运作”的公益性机构,这些事业单位仍然保留承担公共服务和公益性服务的责任。

第五节　数字化转型下的政府购买青少年公共体育服务的变革

现阶段,我国人民群众美好生活需要与公共体育服务的供给无法有效满足的矛盾依然存在,西部地区、欠发达地区等特殊地区基础型公共体育服务供给的相对平衡有待推进,公共体育服务治理在补齐公共体育服务短板的过程中面临着效能不足的问题。碎片化困境需要通过更为匹配的现代化治理手段与治理模式予以解决。通过整合治理层级、治理功能和公私部门关系以及公共体育服务购买过程，推动公共体育服务整体性治理在价值追求、结果导向、信任机制等层面实现提升。数字化可以打破原有治理模式的底层逻辑，改变公共服务范畴边界、降低信息不对称性、优化集体行动方式、降低供需匹配的交易成本，重整政府、企业、社会和公民的关系。数字赋能为实现公共服务整体性治理提供重要的技术驱动和时代方向，同时数字化具有的创新重塑、多元协同、服务供应链等特点与整体性治理的有关理论相匹配。

第七章　研究结论与展望

第一节　研究结论

武汉市政府在购买青少年公共体育服务的过程中，主要采用了依赖关系非竞争性工作模式、独立关系非竞争性工作模式、独立关系竞争性工作模式三种模式。其中，购买免费游泳场馆服务主要采用依赖关系非竞争性工作模式；购买冰雪运动技能培训主要采用独立关系非竞争性工作模式；购买运动技能培训服务主要采用独立关系竞争性工作模式。

本书通过建立政府购买青少年公共体育服务工作模式的指标分析框架，从制度化、竞争性和主体间关系对武汉市政府购买青少年公共体育服务的工作模式进行了对比分析，最终得出独立关系竞争性工作模式是武汉市政府购买青少年公共体育服务工作模式的最优选择。在此基础上，通过制度化层面、竞争性层面和主体间关系层面提出了实现武汉市政府购买青少年公共体育服务工作模式的对策。其中，竞争性层面为完善市场竞争机制，营造公平竞争的环境，培育社会组织，增强其竞争性等；主体关系层面为确立在工作模式中政府与社会组织的平等合作关系，形成消费主体与政府和社会组织的良性互动关系等；制度化层面为完善政策法规，扩展资金来源，加大财政投入，完善监督与评估机制等。

此外，本书通过问卷调查等方式，得出武汉市政府购买青少年公共体育服务满意度具体数据情况如下：受众青少年对于本次购买服务活动整体满意度高，其中在承接主体客观条件满意度评价中，对于服务承接主体环境、运动设施、安全保障设施三方面的满意度均高于75%，对于服务承接主体距离的满意度为63%；在承接主体工作人员满意度评价中，参加本次活动的大部分受众青少年都表示满意；在承接主体教学方面满意度评价中，对于教学过程的满意度为83.4%，对于教学效果的满意度为88%，对于教学内容实用性满意度为79.6%，对于教学手段创新性满意度为61.6%，对于教学时间安排满意度为35.8%；对于本次政府购买青少年公共体育服务整体满意度为96.7%。武汉市政府购买青少年公共体育服务取得的成效如下：培养青少年掌握新的运动技能；发展青少年的人际交往能力；丰富青少年的暑期生活；促进家庭体育的发展；促进体育人口的增长；促进体育社会组织发展壮大。

与此同时,调查也发现武汉市政府购买青少年公共体育服务存在的购买服务数量不足,购买服务时间安排不够合理,购买服务承接主体能力参差不齐,购买服务缺乏完善的服务评价与监督体系等问题。基于此,建议政府购买青少年公共体育服务采取优化政府购买青少年公共体育服务资金投入方式,合理安排供给服务时间,提升服务承接主体的服务能力,完善政府购买青少年公共体育服务的评价与监督体系,转变政府购买青少年公共体育服务内在机制,不断创新政府购买青少年公共体育服务新方式等措施提升优化成效。

第二节 研究展望

作为一种全新研究领域的扩展,对政府购买青少年公共体育服务研究本身进行系统论证和体例规范是很有必要的。本书紧紧围绕“政府购买青少年公共体育服务工作模式和成效评估”展开研究,研究以理论分析和辩证为基础,阐发政府购买青少年公共体育服务的实践意义与运行机理,分析政府购买青少年公共体育服务的制度环境、主体结构、运行状况和购买服务成效评估等。最后,以武汉市政府购买青少年公共体育服务为典型案例,解析政府购买青少年公共体育服务的实际操作环节和流程,了解我国政府购买青少年公共体育服务方面的实际发展状况,以案例的经验拓展建构中国政府购买青少年公共体育服务基础理论框架。

在政府购买青少年公共体育服务时,构建以政府部门为核心、多元力量共同参与的青少年公共体育服务体系,有利于青少年身心健康发展,同时也将促进我国政府购买青少年公共体育服务体系的进一步完善。本书提出评价政府购买青少年公共体育服务取得成效可以从受众青少年满意度、服务质量、政府职能转变等方面进行评价。在实践方面,提升政府购买青少年公共体育服务中的受众满意度,应根据具体的受众青少年与项目制定评价成效的方案。要重视受众青少年的实际需求,同时注重建设高质量的体育场地与器械设施,提供专业的体育指导员。对于政府购买青少年公共体育服务,不同的购买模式和购买内容存在着不同的问题,在未来的服务购买中,应避免再次出现同样的问题。可通过借鉴国外政府购买青少年公共体育服务的经验,优化我国政府购买青少年公共体育服务体系建设。

政府购买青少年公共体育服务仍然是目前乃至今后相当长一段时间里公共服务领域研究的重要课题。本书作为教育部人文社会科学研究项目的重要组成部分,今后笔者仍将持续关注和开展范围更广泛的实践研究。同时,我们极力倡导我国行政部门和社会组织积极开展对政府购买各类公共服务项目的成效评估,进一步提出完善我国政府购买青少年公共体育服务的具体举措。我们也希望有更多的学者从我国政府购买青少年公共体育服务的现实具体工作运行过程实际出发，结合体育学、管理学、经济学、政治学等不同学科的理论研究政府购买的行为机理和促进成效机制，完善政府购买机制，提高青少年公共体育服务供给水平，实现公平、高效的公共服务供给。

参考文献

一、政策文件

[1] 国家体育总局发布《“十四五”体育发展规划》[EB/OL].(2021—10—26)[2022—10—15].中国政府网.

[2] 国务院办公厅关于印发体育强国建设纲要的通知[EB/OL].(2019—09—02)[2022—10—15].中国政府网.

[3] 国务院办公厅关于政府向社会力量购买服务的指导意见[EB/OL].(2013—09—30)[2022—10—15].中国政府网.

[4] 国务院印发《全民健身计划(2016—2020年)》[EB/OL].(2016—06—23)[2022—10—15].央视网.

[5] 青少年体育“十三五”规划[EB/OL].(2016—09—20)[2022—10—15].国家体育总局.

[6] 体育总局办公厅关于印发《2017年青少年体育工作要点》的通知[EB/OL].(2017—03—02)[2022—10—15].国家体育总局.

[7] 中共中央关于全面深化改革若干重大问题的决定[EB/OL].(2013—11—15)[2022—10—15].中华人民共和国国务院新闻办公室网站.

[8] 中华人民共和国国民经济和社会发展第十四个五年规划和2035年远景目标纲要[EB/OL].(2021—03—13)[2022—10—15].中国人大网.

[9] 中共中央办公厅 国务院办公厅印发《关于构建更高水平的全民健身公共服务体系的意见》[EB/OL].(2022—03—23)[2022—10—15].中国政府网.

[10] 中华人民共和国体育法[EB/OL].(2022—06—24)[2022—10—15].国家法律法规数据库.

[11] 中华人民共和国政府采购法[EB/OL].(2014—08—31)[2022—10—15].国家法律法规数据库.

二、中文文献

[12] 包国宪,刘红芹.政府购买居家养老服务的绩效评价研究[J].广东社会科

学,2012(02):15—22.

[13] 薄纯磊,高奎亭,王永顺.欧洲体育俱乐部现在怎么样了?——Sports Clubs in Europe:A Cross－national Comparative Perspective 评介[J].成都体育学院学报,2022,48(04):136—141.

[14] 财政部科研所课题组.政府购买公共服务的理论与边界分析[J].财政研究,2014(03):2—11.

[15] 常江.美国政府购买服务制度及其启示[J].政治与法律,2014(01):153—160.

[16] 车冰清,朱传耿.新时代体育人口强省建设的综合评价及发展对策研究[J].体育学研究,2019,2(06):23—32.

[17] 陈丛刊,卢文云,陈宁.英国公共体育服务供给体系建设的经验与启示[J].成都体育学院学报,2012,38(01):28—32.

[18] 陈琳.各国体育志愿者概况及培养政策[J].中外群众体育信息,2002(12):12—15.

[19] 丛湖平,卢伟.政府购买公共体育服务的模式、问题及建议——基于苏、浙、沪、粤等省市的调研[J].体育科学,2016,36(12):11—17.

[20] 崔运武.论当代公共管理变革与学科专业发展和教材建设[J].云南行政学院学报,2016,18(04):135—138.

[21] 丁建定,谌基东.19世纪中期英国社会救济中的自助理念与实践——兼论社会工作“助人自助”价值理念的时代性[J].社会工作,2022(04):1—12+100.

[22] 董晓莲,等.青少年游戏成瘾对健康的危害[J].上海预防医学,2022,34(05):504—508.

[23] 段书昆.健全云南省新农村建设指导员工作模式研究[D].云南财经大学,2014.

[24] E.S.萨瓦斯.民营化与公私部门的伙伴关系[M].周志忍,等,译.北京:中国人民大学出版社,2002.

[25] 范冬云.我国体育公共服务研究中几个问题的探讨[J].成都体育学院学报,2010,36(02):6—8+12.

[26] 菲利普·库珀.合同制治理——公共管理者面临的挑战与机遇[M].上海:复旦大学出版社,2007.

[27] 冯欣欣.政府购买公共体育服务的模式研究[J].体育与科学,2014,35(05):

44—48+71.
[28] 付海蓉.外国政府购买公共服务路径及对我国的启示[J].经济师,2019(01):76—77+80.
[29] 高举中国特色社会主义伟大旗帜 为全面建设社会主义现代化国家而团结奋斗——在中国共产党第二十次全国代表大会上的报告[M].北京:人民出版社,2022.
[30] 高美庚.英国工党"第三条道路"执政实践研究[D].大连理工大学,2009.
[31] 葛亮,朱力.非制度性依赖:中国支持型社会组织与政府关系探索[J].学习与实践,2012(12):70—77.
[32] 顾丽梅.英、美、新加坡公共服务模式比较研究——理论、模式及其变迁[J].浙江学刊,2008(05):107—112.
[33] 顾平安.推进政府公共服务的合同制管理[J].理论前沿,2008(18):25—26.
[34] 国家体育总局政策法规司.他山之石:国外、境外体育考察报告选编[M].国家体育总局政策法规司,2000.
[35] 郭玲玲,HARDMAN Alun.我国青少年公共体育服务供给机制的地方实践与创新[J].沈阳体育学院学报,2019,38(06):23—32.
[36] 郭玲玲.我国青少年公共体育服务供给机制研究[D].北京体育大学,2016.
[37] 郭玲玲.我国青少年公共体育服务供给机制研究[M].北京:北京体育大学出版社,2019.
[38] 郭修金,戴健.政府购买体育社会组织公共体育服务的实践、问题与措施——以上海市、广东省为例[J].上海体育学院学报,2014,38(03):7—12.
[39] 韩俊魁.当前我国非政府组织参与政府购买服务的模式比较[J].经济社会体制比较,2009(06):128—134.
[40] 韩丽荣,盛金,高瑜彬.日本政府购买公共服务制度评析[J].现代日本经济,2013(02):15—21.
[41] 何哲."善治"概念的核心要素分析——一种经济方法的比较观点[J].理论与改革,2011(05):20—23.
[42] 侯玉兰.新公共服务理论与建设服务型政府[J].国家行政学院学报,2005(04):31—34.
[43] 胡科,虞重干.政府购买体育服务的个案考察与思考——以长沙市政府购买游泳服务为个案[J].武汉体育学院学报,2012,46(01):43—51.
[44] 胡雅静,等.发达国家青少年体育公共服务体系研究[J].体育科学,2019,39

(12):25—33+61.
[45] 胡艳蕾,陈通,高海虹.我国政府购买公共文化服务的"非合同制"治理[J].中国行政管理,2016(01):45—51.
[46] 黄瑞贤.政府购买社工服务的实践探索[D].吉林大学,2013.
[47] 贾文龙.政府购买公共体育服务的多元主体分析及协同推进策略——以常州市的实践为例[J].山东体育科技,2016,38(05):1—6.
[48] 姜韩,柳鸣毅.基于路线图方法的中国青少年体育公共服务体系构建[J].成都体育学院学报,2015,41(05):34—38+59.
[49] 敬乂嘉.社会服务中的公共非营利合作关系研究——一个基于地方改革实践的分析[J].公共行政评论,2011,4(05):5—25+177.
[50] 荆晓燕,赵立波.社会力量参与公共文化服务体系建设研究[J].中共福建省委党校学报,2015(05):70—76.
[51] 凯文·希尔顿,等.体育发展:政策、过程与实践[M].北京:北京体育大学出版社,2007.
[52] 乐园.公共服务购买:政府与民间组织的契约合作模式——以上海打浦桥社区文化服务中心为例[J].中国非营利评论,2008,2(01):143—160.
[53] 李兵.基于善治理论的体育公共服务供给侧改革研究[J].南京体育学院学报(社会科学版),2016,30(04):54—60.
[54] 李峰,刘璐.发达国家政府购买公共体育服务的经验及其启示[J].云南行政学院学报,2017,19(02):157—164.
[55] 李军鹏.政府购买公共服务的学理因由、典型模式与推进策略[J].改革,2013(12):17—29.
[56] 李慷.关于上海市探索政府购买服务的调查与思考[J].中国民政,2001(06):23—25.
[57] 李瑾.政府购买公共体育服务成效[J].当代体育科技,2015,5(26):131+133.
[58] 李可.基于顾客满意度方法理论的体育服务管理研究[J].北京体育大学学报,2008,31(12):1612—1615.
[59] 李娜,刘波.政府购买社区卫生服务的现状、问题与推进策略:以深圳市为例[J].中国卫生经济,2017,36(03):74—76.
[60] 李山.政府购买公共文化服务的现实困境与改革路径[J].湘潭大学学报(哲学社会科学版),2014,38(05):25—29.

[61] 李震,陈元欣,刘倩.政府购买公共体育服务研究——以武汉市政府购买游泳服务为个案[J].武汉体育学院学报,2014,48(07):36—40.

[62] 梁燕.顾客满意度研究述评[J].北京工商大学学报(社会科学版),2007(02):75—80.

[63] 刘红建,尤传豹.新世纪英国青少年体育政策的演进脉络、有益经验与本土启示[J].南京体育学院学报(社会科学版),2017,31(04):5—13.

[64] 刘红芹,包国宪.政府购买居家养老服务的管理机制研究——以兰州市城关区“虚拟养老院”为例[J].理论与改革,2012(01):67—70.

[65] 刘嘉伟.福州市政府购买公共体育赛事服务研究[D].福建师范大学,2020.

[66] 刘江,顾东辉,肖梦希.满意度能作为社会服务效果评价指标吗?——基于一项政府购买社会服务项目的量化分析[J].华东理工大学学报(社会科学版),2022,37(01):1—14.

[67] 刘宁.动物与国家——19世纪英国动物保护立法及启示[J]. 昆明理工大学学报(社会科学版),2013,13(2):37—47.

[68] 刘熙瑞.服务型政府——经济全球化背景下中国政府改革的目标选择[J].中国行政管理,2002(07):5—7.

[69] 柳鸣毅,等.英国青少年校外体育参与模式研究——兼论政府、社会和市场的权界[J].沈阳体育学院学报,2016,35(04):78—83.

[70] 刘玉.论社会转型期我国体育公共服务的内涵、特性与分类框架[J].成都体育学院学报,2010,36(10):1—4.

[71] 卢文云.我国奥运争光类竞技体育服务产品的有效供给研究[J].体育科学,2006(12):77—84.

[72] 卢亚.基于成本效益分析政府购买公共体育服务的成效[D].河南大学,2017.

[73] 罗伯特·B.丹哈特,珍妮特·V.丹哈特,刘俊生.新公共服务:服务而非掌舵[J].中国行政管理,2002(10):38—44.

[74] 马全中.中外政府向社会组织购买服务的比较研究——基于边界、模式、法制、机制的多维视角[J].天津行政学院学报,2016,18(06):90—95.

[75] 迈克尔·迈金尼斯.多中心体制与地方公共经济[M].上海:上海三联书店,2000.

[76] 米靖.中国青少年训练存在问题与未来出路[J].成都体育学院学报,2016,42(05):77—82.

[77] 欧莉萍.地方政府购买公共服务研究[D].湖南大学,2012.
[78] 彭道海,柳鸣毅.公民社会视角下英国青少年体育组织研究[J].体育学刊,2012,19(03):67—70.
[79] 平杰,郭修金.青少年公共体育服务平台的构建[J].上海体育学院学报,2012,36(01):83—85.
[80] 邵冰,安秀梅. 无锡市政府购买公共服务改革的问题、成效及对策[J]. 中国政府采购,2009(01):32—33.
[81] 沈荣华,周义程.善治理论与我国政府改革的有限性导向[J].理论探讨,2003(05):5—8.
[82] 石国亮,张超,徐子梁.国外公共服务理论与实践[M].北京:中国言实出版社,2011.
[83] 孙柏瑛.当代政府治理变革中的制度设计与选择[J].中国行政管理,2002(02):19—22.
[84] 施雪华."服务型政府"的基本涵义、理论基础和建构条件[J].社会科学,2010(02):3—11+187.
[85] 苏明,等.中国政府购买公共服务研究[J].财政研究,2010(01):9—17.
[86] 任海.中国体育治理逻辑的转型与创新[J].体育科学,2020,40(07):3—13.
[87] 沈克印,吕万刚.政府购买公共体育服务的学理逻辑与边界问题研究[J].首都体育学院学报,2018,30(02):117—121+131.
[88] 汤际澜.英国公共服务改革和体育政策变迁[J].南京体育学院学报(社会科学版),2010,24(2):43—47.
[89] 唐胜英,Elizabeth Pike. 英国大众体育场地设施的供给、管理与使用[J].体育与科学,2015,36(2):94—100.
[90] 田月华,陈玲玲.顾客满意度述评[J].东南大学学报(哲学社会科学版),2006(S1):59—61.
[91] 童建红,李建国,张伟.青少年公共体育服务体系建设现状、问题与完善对策[J].广州体育学院学报,2015,35(03):1—5.
[92] 王全昌.西安市公共体育服务成效、瓶颈及发展路径研究[C]//国家体育总局,中国体育科学学会.第三届全民健身科学大会论文集.国家体育总局,中国体育科学学会,2014.
[93] 王浦劬,莱斯特·M.萨拉蒙,等.政府向社会组织购买公共服务研究[M].北京:北京大学出版社,2010.

[94] 王浦劬.政府向社会力量购买公共服务的改革意蕴论析[J].吉林大学社会科学学报,2015,55(04):78—89+250.

[95] 王家合,戴星原.政府购买医疗卫生服务体系的关键因素与优化策略——基于“服务三角”模型的分析[J].新视野,2018(05):75—81.

[96] 王进.当代体育社会心理探索——从理论到实践[M].杭州:浙江大学出版社,2013.

[97] 王丽莉,田凯.新公共服务:对新公共管理的批判与超越[J].中国人民大学学报,2004(05):104—110.

[98] 王敏.高校发展型学生工作模式构建研究[D].东北林业大学,2020.

[99] 王名,乐园.中国民间组织参与公共服务购买的模式分析[J].中共浙江省委党校学报,2008(04):5—13.

[100] 王锡锌.公众参与行政过程:一个理念和制度分析的框架[M].北京:中国民主法制出版社,2007.

[101] 王亚凤.我国政府购买公共服务的模式研究[D].郑州大学,2012.

[102] 王占坤,等.日本青少年体育公共服务体系建设的特征及借鉴[J].天津体育学院学报,2021,36(01):20—28.

[103] 王占坤,吴兰花,张现成.地方政府购买公共体育服务的成效、困境及化解对策[J].天津体育学院学报,2014,29(05):409—414.

[104] 王志威.英国社区体育发展研究——基于整合性与建构性理念[J].体育与科学,2011,32(6):10—15.

[105] 魏太森,刘晓丽.政府购买公共体育服务的困境及优化策略[J].体育科学研究,2016,20(04):7—10.

[106] 武继兵,邓国胜.政府与NGO在扶贫领域的战略性合作[J].理论学刊,2006(11):57—58.

[107] 夏贵霞.我国政府购买青少年公共体育服务研究[D].北京体育大学,2018.

[108] 夏贵霞.政府购买青少年课外体育服务的实践探索与发展导向——以北京实践为例[J].武汉体育学院学报,2016,50(04):26—32.

[109] 夏贵霞.政府购买青少年课外体育服务的问题研究——以长沙市政府购买中小学生暑假游泳服务为例[J].山东体育学院学报,2018,34(01):45—50.

[110] 夏贵霞,舒宗礼.青少年公共体育服务满意度的测评与政策建议[J].天津体育学院学报,2018,33(05):385—391.

[111] 夏贵霞,舒宗礼.政府购买服务视角下社会力量参与学校体育发展的现实

基础与路径选择[J].武汉体育学院学报,2019,53(12):5—10.
[112] 项显生.论我国政府购买公共服务主体制度[J].法律科学(西北政法大学学报),2014,32(05):69—77.
[113] 肖北庚.走向政府采购主导的政府购买公共服务模式[J].中国政府采购,2014(04):20—22.
[114] 肖林鹏,李宗浩,杨晓晨.公共体育服务概念及其理论分析[J].天津体育学院学报,2007(02):97—101.
[115] 谢陶,杨文贤,陈敏.动物竞技解读[J].武汉体育学院学报,2011,45(04):5—9+29.
[116] 谢雯.我国政府购买群众性体育赛事服务现状及成效研究[D].河南大学,2020.
[117] 徐家良,赵挺.政府购买公共服务评估机制研究[J].政治学研究,2013(05):87—92.
[118] 徐家良,赵挺.政府购买公共服务的现实困境与路径创新:上海的实践[J].中国行政管理,2013(08):26—30+98.
[119] 徐通.英国福利制度与大众体育政策演变[J].体育文化导刊,2008(04):110—111+118.
[120] 杨宝,王兵.政府购买公共服务模式的中外比较及启示[J].甘肃理论学刊,2011(01):141—145.
[121] 杨宝.政府购买公共服务模式的比较及解释——一项制度转型研究[J].中国行政管理,2011(03):41—45.
[122] 杨国庆,刘红建,郇昌店.新时代我国青少年体育公共服务体系建设研究[J].北京体育大学学报,2018,41(04):9—15.
[123] 杨明伟.新公共管理理论述评[J].四川行政学院学报,2005(02):21—24.
[124] 杨中皖.德国政府购买体育公共服务的原则、经验及借鉴[J].西安体育学院学报,2019,36(06):641—647.
[125] 杨桦.深化体育改革推进体育治理体系和治理能力现代化[J].北京体育大学学报,2015,38(1):1—7.
[126] 伊恩·亨利,徐通.英国和欧洲大众体育哲学思想的变迁[J].体育学刊,2007(09):31—33.
[127] 易志坚,汪晓林,王丛虎.政府购买公共服务的几个基本概念界定[J].中国政府采购,2014(04):23—25.

[128] 于国安.政府购买公共服务评析及政策建议[J].经济研究参考,2011(46):36—41+60.

[129] 余晖,秦虹.公私合作制的中国试验:中国城市公用事业绿皮书NO.1[M].上海:上海人民出版社,2005.

[130] 俞可平.增量政治改革与社会主义政治文明建设[J].公共管理学报,2004(01):8—14+93.

[131] 俞可平,等.中国离“善治”有多远——“治理与善治”学术笔谈[J].中国行政管理,2001(09):15—21.

[132] 张成福,党秀云.公共管理学[M].北京:中国人民大学出版社,2001.

[133] 张德利,等.欧美政府购买体育公共服务模式及对我国的启示[J].体育与科学,2018,39(06):55—61.

[134] 张大超,杨娟.我国政府购买公共体育服务的现实困境和发展对策[J].体育科学,2017,37(09):3—15+27.

[135] 张恒龙,毛雁冰,秦鹏亮.中国公共服务均等化的政策与成效[J].上海大学学报(社会科学版),2013,30(01):96—110.

[136] 章晓懿.政府购买养老服务模式研究:基于与民间组织合作的视角[J].中国行政管理,2012(12):48—51.

[137] 张汝立,陈书洁.西方发达国家政府购买社会公共服务的经验和教训[J].中国行政管理,2010(11):98—102.

[138] 张文鹏.英国青少年体育政策的治理体系研究[J].北京体育大学学报,2017,40(01):71—77.

[139] 赵君.英国艾德礼工党政府经济政策研究(1945—1951)[D].山东师范大学,2014.

[140] 赵要军.从政府购买卫生服务探索乡村一体化管理新模式[J].中国卫生经济,2011,30(05):53—55.

[141] 中华人民共和国民政部.中国民政统计年鉴2022[M].北京:中国社会出版社,2022.

[142] 舒宗礼.基于整体性治理的我国青少年体育公共服务体系研究[J].武汉体育学院学报,2020,54(08):20—27.

[143] 舒宗礼,夏贵霞,王华倬.高校承接政府购买青少年体育服务:行动逻辑、问题透视与策略跟进——以北京“高参小”实践为例[J].北京体育大学学报,2016,39(11):97—103.

[144] 曾维和,元瑾.发达国家社会组织承接政府公共服务职能探讨[J].华中科技大学学报(社会科学版),2015,29(05):54—61.

[145] 郑家鲲."十二五"时期构建我国公共体育服务体系的若干思考[J].成都体育学院学报,2011,37(12):1—6.

[146] 郑晓燕.中国公共服务供给主体多元发展的动力要素探析[J].科学发展,2011(09):78—88.

[147] 周爱光.从体育公共服务的概念审视政府的地位和作用[J].体育科学,2012,32(05):64—70.

[148] 周建新,王凯.政府购买体育公共服务的困境与突破——基于供方与买方缺陷的视野[J].体育与科学,2014,35(05):49—53.

[149] 周结友,等.青少年体育公共服务现状、问题与建议——来自6省(区、市)评估调研的分析与思考[J].体育科学,2018,38(08):38—48.

[150] 邹洋.新媒体环境下基层共青团工作模式研究[D].重庆大学,2017.

[151] 朱江.开远市政府购买城市公共体育服务研究[D].云南师范大学,2020.

[152] 朱毅然.发达国家政府购买公共体育服务的经验及启示[J].天津体育学院学报,2014,29(04):290—295.

三、外文文献

[153] Community sport program: End of year report for year 2(of 3)2006-07[EB/OL].(2018-01-07)[2018-06-01].

[154] Department for Culture, Media and Sport, Department of Health and Social Care, Department for Education, and Department for Digital, Culture, Media and Sport. School sport and activity action plan [EB/OL].(2019-07-15)[2022-10-15].

[155] Government, voluntary and community sector agree new Compact for working in partnership[EB/OL].(2010-12-14)[2022-10-15].

[156] Major sports funds[EB/OL].(2018-01-07)[2018-06-01].

[157] £2.35m injection to drive Welsh sport numbers[EB/OL].(2018-01-07)[2018-06-01].

[158] Sources of funding in the social sector[EB/OL].(2018-01-07)[2018-06-01].

[159] Anne Flintoff. Targeting Mr average: participation, gender equity and school sport partnerships[J]. Sport, Education and Society, 2008, 13(4):

393-411.

[160] Benjamin Gidron, Lester M. Salmon, Ralph M. Kramer. Government and the third sector[M]. San Francisco: Jossey-Bass, 1992.

[161] Boyne G A. What is public service improvement? [J]. Public administration, 2003, 81(2): 211-227.

[162] Chad Seifried, Aaron W. Clopton. An alternative view of public subsidy and sport facilities through social anchor theory [J]. City, Culture and Society, 2013, 4(1): 49-55.

[163] Chris Gratton, Peter Taylor. Economics of Sport and Recreation [M]. London: E & FN SPON.2000 .

[164] David Farnham, Sylvia Horton, eds. Managing the new public services[M]. Berlin: Springer, 1993.

[165] David Levinson, Karen Christensen, eds. . Encyclopedia of world sport: From ancient times to the present [M]. Oxford University Press, USA, 1999.

[166] David M. Van Slyke. Agents or stewards: Using theory to understand the government-nonprofit social service contracting relationship [J]. Journal of Public Administration Research and Theory, 2007, 17(2): 157-187.

[167] DCMS Annual Report and Accounts (2016-2017)[R]: London: DCMS, 2016.

[168] Department for Culture. Media and Sport[EB/OL].(2016-02-15)[2022-10-15].

[169] Department for Culture, Media and Sport/Strategy Unit. Game Plan: A strategy for delivering government' s sport and physical activity objectives [R].London:DCMS/Strategy Unit,2002.

[170] Department for Children. Schools and Families [EB/OL]. (2016 - 02 - 15) [2022-10-15].

[171] James H. Davis, F. David Schoorman, Lex Donaldson. Toward a stewardship theory of management [J]. Academy of Management Review, 1997, 22(1): 20-47.

[172] Jennifer M. Brinkerhoff. Government - nonprofit partnership: a defining framework [J]. Public Administration and Development: The International Journal of Management Research and Practice, 2002, 22(1): 19-30.

[173] John D. Donahue. The privatization decision: Public ends, private means [M]. New York: Basic Books, 1989.

[174] Jon Pierre, B. Guy Peters. Governance, politics and the state [M]. Bloomsbury Publishing, 2020.

[175] Jeffrey E. Cohen. Presidential Responsiveness and Public Policy-Making [M]. Ann Arbor: University of Michigan Press, 1999.

[176] Mick Green. Governing under advanced liberalism: Sport policy and the social investment state[J]. Policy Sciences, 2007, 40(1): 55-71.

[177] Mike Collins, ed. Examining sports development[M]. London: Routledge, 2010.

[178] Mike Radford. Animal welfare law in Britain: Regulation and responsibility [M]. Oxford University Press.2001.

[179] Penny Lamb, David Aldous. The role of e-mentoring in distinguishing pedagogic experiences of gifted and talented pupils in physical education[J]. Physical Education and Sport Pedagogy, 2014, 19(3): 301-319.

[180] Richard Butler, David C. Wilson. Managing voluntary and non-profit organizations: Strategy and structure[M]. London: Routledge, 2015.

[181] Robert Albanese, M. Tina Dacin, Ira C. Harris. Agents as stewards [J]. Academy of Management Review, 1997: 609-611.

[182] Ruth Hooglangd Dehoog, Competition, negotiation or co-operation: three models for service contracting[J].Ad-ministration and Society, 1990, 22(3): 22.

[183] Tim Chandler, Wray Vamplew, Mike Cronin. Sport and physical education: The key concepts[M]. Routledge, 2007.

[184] Tim Reddel. Third way social governance: Where is the state? [J]. Australian Journal of Social Issues, 2004, 39(2): 129-142.

附 录

附录1：武汉市政府购买青少年公共体育服务受众青少年满意度调查问卷

同学们好：

本调查问卷并不是一个考试或测试，选项无对错之分。对你填写的信息我们将严格保密，只用于科学研究。在填写问卷时，请根据实际情况在你们认可的备选答案栏中画"√"。请您如实选择。感谢您的大力支持与协助！

一、基础信息部分

1.您的性别是_______

2.您的年龄是_______

3.您家所在的行政区域是_______区

4.本次培训您的项目是_______

5.您之前是否参加过类似的青少年体育夏令营活动?[单选题]

A 没有，这是第一次　B 参加过一次　C 参加过两次及以上

6.您参加的培训场所离您家的距离?[单选题]

A 2公里以内　B 2—5公里　C 5—10公里　D 10公里以上

7.您选择参加培训的最主要目的是什么?

A 掌握运动技能　B 培养个人兴趣爱好

C 加强锻炼，提高身体素质　D 培养意志品质

E 享受免费资源　F 结交新朋友

G 其他原因__________

8.您从什么渠道获知武汉市开展了青少年体育夏令营活动?[多选题]

A 网络(如政府网站、微博、微信等)　B 电视报道

C 学校通知　D 朋友介绍

E 其他途径__________

9.您是否愿意将武汉市青少年体育夏令营的活动推荐给您的亲戚朋友?[单选题]

A 愿意　B 不愿意

二、满意度调查[请在表格每一行勾选最符合您的感受的选项,单选题]

内容	非常不满意	不太满意	一般	比较满意	非常满意
1.您对培训机构环境的满意程度					
2.您对培训机构距离的满意程度					
3.您对培训机构运动设施的满意程度					
4.您对培训机构安全保障设施的满意程度					
5.您对教练员的教学讲解的满意程度					
6.您对教练员技术水平的满意程度					
7.您对教练员形象的满意程度					
8.您对其他工作人员的满意程度					
9.您对教学过程的满意程度					
10.您对教学效果的满意程度					
11.您对教学内容趣味性的满意程度					
12.您对教学内容实用性的满意程度					
13.您对教学手段创新性的满意程度					
14.您对教学时间安排的满意程度					
15.您对这次服务整体满意程度					

三、其他问题

1. 您认为当前武汉市青少年体育夏令营最需要完善和提高的部分是?[多选题]

A 硬件设施　B 教学服务　C 教学区管理　D 巡查监督　E 时间管理

F 其他__________

2. 请您对武汉市青少年体育夏令营提出宝贵的意见和建议[填空]

____

____

附录2：对社会组织的访谈提纲

1. 目前政府购买青少年公共体育服务是一种趋势，但实施过程中仍需要不断改进，请您介绍下贵机构组织参与承接政府购买青少年公共体育服务的经历，政府购买服务的内容以及贵机构参与提供青少年公共体育服务的目的和动机。

2. 在政府购买服务的大背景下，您是否同意政府购买青少年公共体育服务为各类社会组织的发展带来了有利的影响和难得的机遇？您认为这些影响和机遇主要体现在哪些方面？

3. 政府购买青少年公共体育服务时，你们所面临的最大挑战是什么？除此之外还面临着哪些急需解决的困难？

4. 政府购买青少年公共体育服务的流程是怎么样的？是否签订公共合同并严格执行了合同？是由谁/机构对合同执行情况进行评估和监督的？您认为政府工作人员对购买合同的公共管理能力如何？

5. 政府购买青少年公共体育服务是采取竞争性购买还是非竞争性购买方式？竞争性如何？在参与竞争性购买过程中，您认为哪些方面来评估体育社会组织的承接政府转移服务的能力更为科学合理？

6. 长期以来，体育社会组织在与政府打交道的过程中多处于依附和被动的地位，在与政府合作提供青少年公共体育服务过程中，这样的情况是否有改善？体育社会组织能否保持自身的独立性？体育社会组织的诉求在多大程度上能够得到回应和满足？

7. 在承接政府购买的公共体育服务之后，政府是如何向贵组织支付的？是根据服务质量来支付相应的款项，还是在提供完服务之后直接一次性支付？在支付的过程中存不存在拖延的情况？

8. 在给青少年提供服务过程中，您认为遇到的最大问题是什么？政府能否给您提供解决的办法，或者说政府有没有给您解决？

9. 结合自身实践，您认为政府购买青少年体育服务制度的建立和完善应从哪些方面展开？

附录3：对政府相关部门的访谈提纲

1. 请问：从2009年起至今，武汉市体育局等相关政府部门就已经开始了政府购买青少年公共体育服务，其初衷是什么？

2. 迄今为止，在政府购买青少年公共体育服务的十余年里，您认为开展青少年体育夏令营和冬令营对政府方面而言获得了哪些经验？体育社会组织在其中又得到了哪些收获？

3. 政府每年购买青少年公共体育服务内容/项目有哪些？除此之外，还有没其他类似的活动举办？每年购买青少年公共体育服务的目录是与市政府采购目录一同出现，还是单独划出来？是否会在相关的网络平台进行公示？

4. 本市购买的青少年公共体育服务是否充分征集了青少年群体和第三方机构收集的意见？

5. 本市购买的青少年公共体育服务的资金来源在哪？具体是如何支付给社会组织的？（分期支付、活动前定金、活动后一次补齐、在活动后一次结清、按绩效支付）

6. 青少年公共体育服务的承接主体主要有哪些？在招投标之前通过哪些方面来评估承接方的资质？

7. 在购买的过程中是否与承接方签订合同并通过合同明确各方的权责？在签订合同之后是否发生了转包行为？

8. 本市政府在购买青少年公共体育服务活动的开展过程中，是如何对承接方进行监督和评估的？具体监督和评估方式是以怎样的形式进行的？监督和评估的相关结果是否会向社会公布？

9. 整体而言，本市在政府购买青少年公共体育服务的过程中遇到了哪些制度困境？在克服这些困境的同时又采取了哪些措施？

10. 您如何评价本市政府购买青少年公共体育服务政策实施的成效，其中的实施难点和亟待解决的关键环节在哪？可以从哪些方面进行政策制度的创新？

附录4：对消费主体青少年的访谈提纲

1. 你在哪个学校读书？几年级？请问你是第一次暑假来参加这种活动吗？如果不是，这次是第几次？

2. 这次政府购买青少年公共体育服务你选的哪项运动？为什么？这个运动项目是你自己想要来学习的，还是家长要求你来学习的？或者是想学的项目没有名额或者是没有抢到，所以只能选择学习这个运动的？

3. 在你报名之前，有没有家长或者政府的工作人员询问过你想学习什么运动技能？

4. 在你学习运动技能期间或者是培训结束前，有没有人询问过你对此场地、环境、设施的评价？

5. 你有哪些学习收获？在你参与运动技能培训后，有没有人对你参与运动技能培训的项目学习成果进行测试？你会选择继续练习这项运动还是尝试其他的运动？为什么？

6. 你参与本次活动时遇到的最大困难是什么？在你参加培训期间，有没有遇到突发情况？如果遇到了，有没有除了教练以外的专门人员对突发情况进行及时处理？

7. 你认为本次活动存在哪些不足的地方？你对本次活动有哪些建议？

附录5：对青少年家长的访谈提纲

1. 您的孩子是第几次参加这种政府免费举办的活动？您的孩子选择了哪项运动？为什么？

2. 您的孩子现在参加的运动技能培训是您的意见还是孩子的意见？

3. 您的孩子现在报名参加的运动技能培训是您和您孩子的主动选择，还是因为年龄的限制或者是因为没有名额而选择的？

4. 您在报名此次活动前，有没有政府机构的人员来向您或您的孩子征询想要学习哪项运动技能？您认为这次活动对孩子最大的改变是什么？

5. 您在陪着孩子参与活动的期间，有没有工作人员向您询问过您对培训的场地、环境、设施、教练员的教学水平和教学态度等的评价？您认为孩子在这次服务中收获了什么？

6. 您在报名前或者是孩子在参加活动的期间，有没有其他的关于参与此次活动的诉求？如果有，您知道诉求的渠道吗？在您向相关部门陈述您的诉求后，您的诉求有没有得到及时的反馈？或者是有一定的改观？

7. 您会继续支持孩子练习这项运动还是选择其他的运动？为什么？

8. 您是否会向身边的人分享本次活动的经历？为什么？

9. 您会继续关注政府购买青少年公共体育服务并继续报名参与吗？

10. 您认为本次活动存在哪些不足需要改进的地方？

11. 您对本次活动有哪些建议？